Técnica da representação teatral

Stella Adler

Técnica da representação teatral

16ª edição

TRADUÇÃO DE
Marcelo Mello

PREFÁCIO DE
Marlon Brando

Rio de Janeiro
2025

COPYRIGHT © Stella Adler, 1988

TÍTULO ORIGINAL
The Technique of Acting

CAPA
Evelyn Grumach

PROJETO GRÁFICO
Evelyn Grumach e João de Souza Leite

PREPARAÇÃO DE ORIGINAIS
João Henrique de Assis Machado

EDITORAÇÃO ELETRÔNICA
Art Line

CIP-BRASIL. CATALOGAÇÃO-NA-FONTE
SINDICATO NACIONAL DOS EDITORES DE LIVROS, RJ

A185t   Adler, Stella, 1901-1992
16ª ed.   Técnicas da representação teatral / Stella Adler; tradu-
          ção Marcelo Mello; prefácio de Marlon Brando. – 16ª ed.
          – Rio de Janeiro: Civilização Brasileira, 2025.
          192p.
          Tradução de: The technique of acting
          Contém dados biográficos
          ISBN 978-85-200-0607-8

          1. Representação teatral. I. Título.

                                        CDD — 792.028
99-0492   CDU — 792.02

Todos os direitos reservados. Proibida a reprodução, armazenamento ou
transmissão de partes deste livro, através de quaisquer meios, sem prévia
autorização por escrito.

Direitos desta edição adquiridos pela
EDITORA CIVILIZAÇÃO BRASILEIRA
um selo da
EDITORA RECORD LTDA.
Rua Argentina, 171 - São Cristóvão - Rio de Janeiro - RJ - Brasil - 20921-380
Telefone (21) 2585-2000

Seja um leitor preferencial Record.
Cadastre-se no site www.record.com.br e receba informações sobre nossos
lançamentos e nossas promoções.

Atendimento e venda direta ao leitor:
sac@record.com.br

Impresso no Brasil
2025

*Para meu pai, Jacob P. Adler,
e minha mãe, Sarah Adler*

Agradecimentos

Este livro foi escrito com a generosa
colaboração de Irene Gilbert e Mel Gordon.

Gostaria de expressar minha apreciação ao
corpo de assistentes-executivos
do Conservatório de Atuação Stella Adler por sua
dedicação ao meu trabalho.

Sumário

PREFÁCIO *13*

INTRODUÇÃO *15*
O Ator e a Profissão *15*
O Impulso de Representar *17*

CAPÍTULO I
As metas do ator *21*

CAPÍTULO II
Dando início à técnica *27*
ENERGIA *29*
ALCANÇANDO A PLATÉIA *30*
TENSÃO *30*
CONTROLES FÍSICOS *31*
DOMÍNIO DA FALA *33*
MEMÓRIA MUSCULAR *34*
MOVIMENTO ANIMAL *36*

CAPÍTULO III
Imaginação *37*
CONSCIENTE COLETIVO *39*
VENDO COM IMAGINAÇÃO CRIADORA *41*
VENDO E DESCREVENDO *43*
OS FATOS X A VISÃO DO ATOR *43*
VER ESPECIFICAMENTE *44*

VER RAPIDAMENTE 45
VEJA O QUE ATRAI SUA ATENÇÃO 46
IMAGINE ATIVIDADES COTIDIANAS DA VIDA E SITUE-AS EM CIRCUNSTÂNCIAS (O LUGAR) 46
VER AS SIMPLES E ETERNAS CENAS DA NATUREZA E DO COMPORTAMENTO HUMANO EM SEU CENÁRIO HISTÓRICO 46

CAPÍTULO IV
Circunstâncias 53
A VERDADE DO LUGAR 55
VIVENDO NAS CIRCUNSTÂNCIAS 57
CONSTRUINDO CIRCUNSTÂNCIAS MAIS AMPLAS 59
A ATMOSFERA NAS CIRCUNSTÂNCIAS 59

CAPÍTULO V
Ações 61
AÇÕES FORTES E FRACAS 63
EXPLICAÇÃO DE UMA AÇÃO 64
NATUREZA DE UMA AÇÃO 65
AÇÃO TOTAL (SUPEROBJETIVO) 66
FISCALIZANDO
CONCLUINDO E NÃO CONCLUINDO AS AÇÕES 70
AÇÕES QUE NÃO EMPREGAM TEXTO 71
PREPARAÇÃO E ENTRADAS CONVINCENTES 72
DOR E MORTE 73
EMOÇÃO 76

CAPÍTULO VI
Justificação 79
JUSTIFICAÇÃO IMEDIATA 81
JUSTIFICAÇÕES MAIS CRIATIVAS 85
A JUSTIFICAÇÃO NAS CIRCUNSTÂNCIAS 87
JUSTIFICAÇÃO INTERNA 89
RESPONDENDO CONCRETAMENTE 90

CAPÍTULO VII

Trabalhando no palco *91*

ADEREÇOS *93*

ACELERANDO A AÇÃO *94*

PERSONALIZAÇÃO *95*

ACIDENTES PLANEJADOS *99*

VESTUÁRIO *100*

CAPÍTULO VIII

Personagem *103*

SITUAÇÃO SOCIAL *106*

CLASSE *107*

REPRESENTANDO UMA PROFISSÃO *111*

ANTECEDENTES DO PERSONAGEM *112*

ELEMENTOS DO PERSONAGEM *115*

ATITUDE EM RELAÇÃO AO SEU PARCEIRO *118*

DIÁLOGO *121*

ATITUDE *123*

CONSTRUINDO UM ENREDO *123*

ANTECEDENTES *124*

NÍVEIS *125*

CAPÍTULO IX

O vocabulário da ação *131*

RECORDAR *133*

FALAR *136*

BATER PAPO *137*

CONVERSAR *137*

DEBATER *138*

ARGUMENTAR *138*

ATACAR *139*

CUIDAR DE *139*

EXPLICAR *140*

ENSINAR *141*

REVELAR *142*
DENUNCIAR *142*
DESAFIAR *144*
SONHAR *144*
FILOSOFAR *146*
ORAR *146*
ACONSELHAR *147*

CAPÍTULO X
A primeira aproximação do ator com o autor *151*
PARAFRASEANDO *153*
SEQÜÊNCIAS *155*
O PROBLEMA DA GRANDIOSIDADE *156*

CAPÍTULO XI
Trabalhando no texto *157*
O ELEMENTO DIALÉTICO NO TEXTO MODERNO *159*
O MONÓLOGO *163*
A TÉCNICA DE ENSAIO *167*
ETAPA 1: INGRESSANDO NO SIGNIFICADO *167*
ETAPA 2: COMPREENDENDO O ASSUNTO *168*
ETAPA 3: COMPREENDENDO A PEÇA *169*

CAPÍTULO XII
A contribuição do ator *171*
MINHA TRAJETÓRIA ATÉ STANISLAVSKI *175*
SUGESTÃO DE CENAS E PERSONAGENS PARA ESTUDAR E TRABALHAR *181*

BIOGRAFIA DE STELLA ADLER *185*

Prefácio

Para mim, Stella Adler é muito mais do que uma professora da arte de interpretação teatral. Através de seu trabalho, ela nos presta um valioso tipo de informação: como descobrir a natureza de nossa própria mecânica emocional e, por conseguinte, a de terceiros. Lastimo bastante que, por não se terem prestado a divulgações vulgares, como ocorreu com alguns supostos "métodos" de atuação hoje notórios, suas contribuições à cultura teatral tenham permanecido em grande parte ignoradas, não-reconhecidas e não-apreciadas. No entanto, Stella foi uma das poucas pessoas, senão a única, a ir a Paris para estudar com Constantin Stanislavski, agudo observador do comportamento humano e uma das figuras marcantes do teatro russo. Regressando aos Estados Unidos, ela trouxe de lá uma perfeita compreensão da técnica stanislavskiana e aplicou-a em suas aulas, mal imaginando o impacto que tais cursos iriam ter sobre a cultura teatral em todo o mundo. Se a maioria dos cineastas, em toda parte, sofreu a influência dos filmes americanos, estes, por sua vez, foram fortemente marcados pelos ensinamentos de Stella Adler. É por isso que muitos a amam, e todos lhe devemos bastante. Quanto a mim, sou-lhe grato pelas inestimáveis contribuições que deu à minha vida e me sinto feliz por ter estado ligado a ela, pessoal e profissionalmente, ao longo de toda a minha existência.

Alegra-me que ela se tenha disposto a escrever este livro sobre a arte da representação teatral, onde contribui de modo marcante para que compreendamos a essência desta antiga e aparentemente instintiva técnica de atuarmos diante de terceiros, algo que, hoje, já sabemos refletir aquilo que na realidade somos. Creio, até, que uns breves comentários sobre ele não sejam descabidos.

PREFÁCIO

A mais velha profissão do mundo, pensando bem, não é a prostituição, mas a representação, e não se pense de modo algum que essa lembrança seja pejorativa. É verdade elementar que todos nós lançamos mão de técnicas de representação para alcançar quaisquer fins que desejemos atingir, quer se trate duma criança fazendo beicinho por um sorvete, ou de um político no curso de animada peroração, determinado a alcançar os corações e as carteiras de possíveis eleitores. Estadistas do mundo inteiro teriam carreiras divertidamente curtas sem o auxílio e a sábia aplicação desta arte de representar. Em verdade, a persistência do conceito de que existe uma diferença entre o ator profissional e nós, que representamos pelas nossas necessidades diárias, constitui um enigma. É difícil imaginar que sobreviveríamos neste mundo sem sermos atores. A representação funciona como perfeito lubrificante social, além de instrumento para proteger nossos interesses e levarmos vantagem em cada aspecto da vida.

Representar é um fenômeno fascinante da natureza humana, e Stella Adler nos presenteia com uma análise incisiva e inteligente da técnica de atuar, que há muito tempo aguardávamos. Espero que todos tenham tanto prazer em ler este livro quanto eu tive.

MARLON BRANDO

Introdução

O ATOR E A PROFISSÃO

Queria que o palco fosse uma corda esticada onde nenhum incompetente ousasse caminhar.

GOETHE

Goethe está falando, é claro, a partir do ponto de vista de um autor. Este é o enorme e frustrante desafio do ator ao representar peças escritas por Goethe e outros grandes dramaturgos. Os atores têm que comunicar idéias complexas e refinadas, como as que aparecem em Strindberg, Ibsen, Shaw e Arthur Miller.

O ator moderno deve ter virtudes que o dramaturgo, talvez, não tenha, e uma delas é o instinto que o estimula a atuar. Este instinto é mais forte do que nós sabemos ou podemos analisar. O ser total de um ator — mente, espírito, alma e aquela incontrolável essência que é o talento — deve estar dedicado à sua arte. Nesta vida, muitas pessoas são obrigadas a usar apenas uma faceta de si mesmas. Todos os outros eus criam uma inquietação incomparável na alma do ator, e é isto o que lhe motiva o talento ser revelado.

Há mais de um século têm havido muitos estilos em literatura: realismo, expressionismo, simbolismo e assim por diante. Um autor tem muitos anos para explorar tais estilos, passados e presentes. O jovem ator deve fazer todas essas mudanças de estilo virem à tona no presente. Para superar os obstáculos, o jovem ator de hoje pode contar com uma escola de atuação, e este talvez seja o primeiro passo que o conduza à *profissão teatral.*

Freqüentemente, o ator inicia sua carreira sem modelo algum. Em outros períodos do teatro, o principiante era influenciado por atores de grande talento. Ele entrava no palco trazendo um germe e, desse modo, lentamente aprendia seu ofício através de peritos, como Salvini e Kean. Em tempos mais recentes, as escolas de interpretação eram muitas vezes vinculadas a teatros, e o ator acabava por tornar-se parte desse teatro. Primeiro tornavam-se atores — e depois diretores e também professores. O Teatro de Arte de Moscou é um exemplo disso.

A história dos dramaturgos revela a amplitude de seu conhecimento; muitos viajavam pelo mundo, entendiam de pintura, literatura e música, e dessa maneira se preparavam para escrever peças de mérito. E assim muitos escritores, cenógrafos e figurinistas têm uma linha direta com o passado cultural que influencia solidamente seu trabalho atual.

Em nosso momento na história, não há critérios para o ator e, muitas vezes, nem para o professor. Desde os anos 30, todas as regras sociais para o ator mudaram: seu comportamento, a maneira de vestir, seu discurso. Todos esses fatos criaram um individualismo em cada ator que dificulta a habilidade do professor para julgá-lo. Ele sabe que cada ator vem despido de quaisquer valores, mas que, apesar disso, seu talento pode estar latente.

O ator de hoje precisa ser ajudado. Aqui, a influência do professor é muito específica. Ele orienta o ator quando este começa a trabalhar com idéias. O esclarecimento do texto, o entendimento do personagem, do estilo, da linguagem, do ritmo da peça — estimulam o ator a experimentar a vida e o estilo do dramaturgo.

Atingir esse despertar incentiva o ator a perceber que sua alma, seu espírito e seu intelecto têm importância. Ser apenas um rapaz ou uma moça comum não basta. Não é suficiente para o ator ser o que somos hoje, e, mais importante, isso não interessa à platéia.

O ator tem em si o consciente coletivo. É como se todo o conhecimento e toda a sabedoria estivessem contidos em sua mente. Através de sua vasta imaginação, ele herda a sabedoria de seus ancestrais sem ter tido a experiência pessoal. O ator, através da história, sempre teve

INTRODUÇÃO

uma compreensão profunda e cósmica. O professor pode agora captar essa compreensão e libertar a imaginação do ator. O ator pode então crescer e aproximar-se da vida e do estilo de muitos dramaturgos modernos, desde Ibsen até o presente. A imaginação do ator agora absorve a vida do personagem. Ele adquire a capacidade de lidar especificamente com a peça e também com a moral, a ética, a educação, a vida familiar, a vida sexual, a crença religiosa e a profissão do personagem. Essa aproximação dá maior domínio ao ator e lhe permite segurança interior. A união de seu espírito com sua profundidade interna é o caminho para essa independência na profissão. Seu conhecimento dos seres humanos, herdado ou instintivo, sempre virá em seu auxílio.

O IMPULSO DE REPRESENTAR

Embora o ator exerça uma profissão muito antiga e bem conhecida, que existe há milhares de anos, sempre foi difícil definir seu lugar na sociedade. Ele não se encaixa nem na classe média nem na classe intelectual, não compartilhando dos instintos comerciais da primeira ou dos interesses eruditos da última. De certo modo, o ator está numa classe própria, sendo um artista diferente dos outros artistas, pois trabalha unicamente com seu corpo, sua alma e sua voz como instrumentos. Contudo, o lugar do ator na sua própria profissão é claro e incontestável. Nele repousa a alta responsabilidade de interpretar o conteúdo da peça, de dar vida às idéias do autor e de representar personagens de tamanha grandeza como Édipo, Hamlet, Hedda Gabler, Joana d'Arc e Willy Loman.

Não será extravagante considerar que o ator, porque ele é o intérprete, seja o elemento mais importante no teatro. E dessa forma talvez não seja surpreendente que uma extensa variedade de pessoas das mais diferentes condições, cujas qualificações educacionais e conhecimentos tendem a variar amplamente, escolha a arte de representar como uma profissão. Mesmo diferindo radicalmente em seus objetivos sociais, são semelhantes em seu desejo de se tornar atores. Ao mesmo tempo que esse desejo incontrolável de representar os convence de que *podem* atuar e que *irão* se tornar atores, é provável que tenham problemas ou bloqueios que tornem difícil, senão impossível, alcançar suas metas. Timidez, insegurança e tensão são problemas comuns, assim como falta de disciplina, desconhecimento de tradição e método e nenhuma consciência de controle corporal. Como almas perdidas, podem sentir-se soltos no espaço, sem rumo definido, mas apesar disso a ambição os lança ao palco.

Assim, vamos começar do início. Tentarei tornar tudo tão claro quanto possível. Deixem-me começar dizendo que o sistema de Constantin Stanislavski é uma técnica de atuação e técnicas sempre existiram. Porém a dele é a mais moderna, embora tenha sido descoberta e formulada há quase cem anos.

A razão pela qual Stanislavski, fundador do Teatro de Arte de Moscou, criou uma nova técnica decorria de uma necessidade teatral elementar: os estilos antiquados de representação não se adequavam aos novos tipos de peças escritas por Tchekhov, Ibsen, Strindberg e outros.

Nos Estados Unidos, o sistema de Stanislavski começou a ser conhecido simplesmente como "o Método". Por alguma razão, seus ensinamentos rapidamente se tornaram distorcidos na América. Não por todos os atores, mas por muitos. Colunistas mexeriqueiros e redatores de revistas favoreceram essa interpretação errônea a tal ponto que o freqüentador comum de teatro deve ter pensado que a profissão fora inventada por um bando de atores inarticulados — e freqüentemente debilóides — exigindo seus "sentimentos reais" mesmo quando estes nada tinham a ver com o autor ou seus personagens.

Após ter atuado e dirigido no teatro americano, tive a oportunidade de estudar pessoalmente com Stanislavski em Paris, em 1934. Fui muito estimulada por isso. E quando retornei aos Estados Unidos, quis repartir essa extraordinária experiência com outros atores americanos.

INTRODUÇÃO

Enquanto continuava a atuar, comecei a ensinar e dirigir, tentando corrigir a confusão que fora feita a respeito das teorias de Stanislavski.

A arte de ensinar deve ter um alicerce forte. Meu ensino era e é baseado não apenas nas idéias de Stanislavski mas também num sistema natural que está ao alcance de todos. Atuar é um trabalho obstinado, necessitando de atenção constante e de planejamento rigoroso. Não é algo para gênios. É para pessoas que trabalham passo a passo. Embora não haja propriamente uma receita para atuar, deve-se seguir uma seqüência de princípios. As idéias e exercícios que exporei podem servir ao candidato a ator e lhe dar a coragem de lutar por seu desenvolvimento técnico e profissional.

Antes de tudo, ele deve se ver como um artista, identificando e superando seus erros.

É natural que o jovem ator comece de forma errada. O ceticismo da vida cotidiana e abandono de ideais artísticos criam um ambiente de irreverência. Má educação e estreiteza de padrão e objetivo são os produtos de nossos tempos. Parece mais difícil para o ator contemporâneo se disciplinar do que para os de gerações anteriores. Os atores freqüentemente surgem despedaçados física e emocionalmente. Por esse motivo, seu relacionamento com a vida se vê completamente amortecido. Parece que não têm idéia alguma de onde estão ou para onde estão indo. Porém, há uma necessidade básica nos seres humanos que os leva a querer expandir suas personalidades. Existe um sinal de vida que quer progredir. Esta centelha deve ser mantida viva. Com muito esforço, o ator pode progredir e transformar-se gradualmente, partindo da insensibilidade e do vazio para a maturidade estética dentro de um período de tempo relativamente curto. O mais importante é que, com treinamento apropriado, ele pode estender imensuravelmente seus talentos, criando uma nova penetração e alcance das funções cênicas.

No palco, espera-se que o ator faça mágica. Ele precisa criar um personagem que cative as platéias noite após noite.

Os espectadores vão aos teatros por uma única razão: para se divirtir e se aprofundar na condição humana — para serem surpreendidos, para terem uma experiência artística.

Mais do que qualquer outra coisa, é tarefa do ator penetrar nas criações do dramaturgo — nas sutilezas e mistérios que as idéias dele possam conter.

O primeiro conceito que um ator precisa dominar é bem simples: atuar significa a eliminação de barreiras humanas. Ele deve derrubar as paredes entre si mesmo e os outros atores. Isso lhe dará uma sensação de liberdade no palco.

O ator dá provas de uma generosidade especial ao sugerir à platéia: "Vou dar-lhes idéias.", "Vou dar-lhes prazer.", "Vou dançar para vocês.", "Vou expor-lhes as dores do meu coração."

Tudo isso é uma forma de talento artístico, de dar de si. É um caso de amor com a platéia. Porém, para levar adiante esse caso de amor, deve-se começar a pensar e atuar de novas maneiras.

Há uma diferença entre a verdade da vida e a verdade do teatro. E é preciso aprender a não confundi-las. Devemos aprender como nos expressar com intensidade quando expressarmos idéias épicas do autor. A razão para isso é que "o Homem é eterno", e ele estará eternamente debatendo com idéias. O ator é uma parte dessa luta eterna e tem de se entregar a ela. No século XX, já que nossa linguagem é tão moderna, não sentimos nossas palavras. Nossas idéias não são postas em palavras que interessem às pessoas.

Vivemos num tempo em que é difícil comunicar idéias.

Todavia, o ator deve comunicar-se no mais elevado nível. Ele deve ser o senhor de palavras e idéias.

CAPÍTULO I # As metas do ator

A educação da classe média típica é para a conformidade. Modelos rígidos de sucesso e sobriedade são postos diante das crianças desde muito cedo. Esses padrões estabelecidos de comportamento, que poderíamos chamar genericamente de *a Norma*, são obstáculos para o crescimento artístico. O modo de pensar da classe média *(Norma)* torna-se uma camisa-de-força para a imaginação.

O medo de crítica, a loucura pelo dinheiro, o pavor do palco, a timidez extraordinária, o sonho de estrelato e os personagens clichês são imposições feitas pelo público. Para ser um artista, o ator deve superar esses obstáculos. Noções correntes de bom gosto, beleza e moral podem significar a morte para o *comportamento autêntico* e o desempenho integral. As pessoas acham que podem atuar, mas seu pensamento é freqüentemente convencional. Como ator, você deve estabelecer uma nova Norma — a Norma do ator.

Uma das primeiras tarefas do ator é se libertar das opiniões externas. Somente quando se respeita alguém mais do que qualquer pessoa no mundo é que se pode aceitar e incorporar suas opiniões ou críticas. Do contrário, ignorem-se as noções de terceiros sobre o que é certo para nós. Ninguém pode nos dizer se somos jovens ou velhos, bonitos ou bem-sucedidos. Esses são conceitos que devemos criar para nós mesmos. Muitas opiniões sobre teatro e arte são meras formas de falar da vida alheia.

Em minha primeira sessão com atores, sempre faço um pedido: que cada ator cuidadosamente explique seu:

TÉCNICA DA REPRESENTAÇÃO TEATRAL

OBJETIVO: Quais são sua meta e seu plano de carreira?
— O que vem primeiro, *crescimento* (desenvolvimento) ou *sucesso* (dinheiro, fama, platéias)?

É bom para o jovem ator verbalizar suas necessidades e temores, e fazer uma distinção entre a idéia que as pessoas têm de sucesso (estrelato público) e a lenta maturidade de um grande intérprete que pode fazer escolhas mais desenvolvidas. Além disso, o jovem ator precisa ter uma forte consciência de si mesmo e deve ser capaz de rapidamente listar seus aspectos positivos e deficiências. Um exemplo de tal lista é:

MÉRITOS	DEFICIÊNCIAS
Desejo de crescimento	Insegurança
Interesse em ler peças e	Atraso continuado
material de formação	Voz destreinada
Saúde	Dicção pobre
Boa ressonância da voz	Comportamento corporal desleixado

Somente com um conhecimento verdadeiro de suas qualidades e defeitos e com trabalho diário ele poderá aprender e libertar-se das atitudes defensivas de sua classe média. O jovem ator tem que lembrar que seu alcance emocional deve ser estendido ao máximo. Não se pode ocultar alguma coisa e ser um ator. Tudo isso começa com o autoconhecimento.

O ator tem somente seu próprio corpo como instrumento. Assim, tome nota do que precisa ser estabelecido. Como ator, ele deve trabalhar continuamente com:

• seu corpo
• sua fala
• sua mente

Sua nova Norma é clara: a vontade de sobreviver. Sua essência de-

AS METAS DO ATOR

ve ser feita de aço. Um ator tem o direito de sobreviver, de crescer como artista. Isso lhe impõe uma força especial, uma nova disciplina e autoconsciência. Deve saber o que quer e ter a coragem de prosseguir.

É importante dizer em voz alta: "Eu sou eu mesmo e tenho minhas próprias normas."

CAPÍTULO II Dando início à técnica

A profissão do ator lhe dá a oportunidade de fazer de si o máximo que ele pode ser. O ator tem o trabalho. Trabalha consigo mesmo. O objetivo máximo desta técnica é criar um ator que possa ser responsável por seu desenvolvimento e realização artísticos.

ENERGIA

Encontre a energia de que você necessita para o seu trabalho. Deus não lhe dará essa energia. E sem ela seu trabalho fica maçante.

Comece com uma energia vocal forte; depois você pode modificá-la. O volume cai, mas a energia fica de pé.

O ato de ler ou falar vem das palavras na página. O entendimento dessas palavras pelo ator deve ser claro e profundo.

EXERCÍCIO 1

Energia da Voz

1. Leia um editorial em voz alta todos os dias.
2. Leia ou fale três, quinze e trinta metros afastado de alguém para conhecer seu verdadeiro alcance.
3. Leia como se a platéia estivesse além da mesa, além da sala, além da rua.

Quando você lê em voz alta, todos os dias, deve se ouvir falando. Do trecho que você ler, tire todos os pontos e vírgulas. Eles o impedem de falar naturalmente. Faça, portanto, sua própria pontuação.

TÉCNICA DA REPRESENTAÇÃO TEATRAL

ALCANÇANDO A PLATÉIA

Num palco, embora você possa estar falando intimamente com um parceiro, a platéia deve ouvi-lo também. Dessa maneira, você não pode usar o tom reservado que utilizaria na vida diária. Você deve atingir seu parceiro, você deve alcançar a platéia. Nunca se comunique de uma forma sem vida. Sua réplica deve ser articulada e pessoal. Os jovens atores de hoje se expressam mal. Você *deve* ter a facilidade de exprimir a linguagem.

Comece por ter a consciência de que todos devem ouvi-lo. Você deve alcançar fisicamente a outra pessoa. Uma vez que você se ouça projetando e sinta a profunda ressonância vindo dentro de sua voz, terá encontrado o tom normal para adotar no palco.

Quando você está falando sobre grandes idéias, não pode apresentar-se de forma insignificante. Sua voz deve ressoar na dimensão épica das idéias do autor. Não é necessário gritar as palavras, mas as idéias devem mesmo alcançar além da platéia. Sua obrigação profissional no palco é fazer com que o seu parceiro e a platéia o compreendam.

Quando tiver que se comunicar com um parceiro, coloque uma distância de dois a quatro metros entre vocês. Isto irá discipliná-lo a projetar sua voz de modo a ser ouvido durante os ensaios e posteriormente em sua execução. Estar num palco requer energia. Comunique-se com seu parceiro sem contê-la. A comunicação salvará sua vida.

TENSÃO

A tensão é uma das inimigas absolutas da atuação. Você não se mostra tenso quando está no palco. A tensão é em grande parte o resultado de recorrer às palavras do texto e depender delas, esquecendo-se de que o lugar e a ação, mais que as palavras, constituem o fulcro da peça.

Quando sua atenção está nas palavras, na maioria das vezes você se preocupa consigo mesmo. A tensão o impede de ser verdadeiro no

DANDO INÍCIO À TÉCNICA

palco, como deve ser quanto à fala e à ação, e o fará perder a atenção da platéia. Porém, a tensão diminui quando você se concentra nas ações. Ao sentir que a tensão se aproxima, localize bem as áreas de tensão. Relaxe essas áreas. Faça isso cuidadosamente. Você deve ser verdadeiro no que faz ou diz. Sinta a verdade dentro de si. A coisa mais importante para um ator é perceber sua própria verdade. O princípio de usar os músculos é válido só para os músculos de que você precisa.

EXERCÍCIO 2

Relaxe o corpo, exceto uma das mãos. Ponha toda a tensão nessa mão. Sente-se e permaneça nesse estado.

CONTROLES FÍSICOS

PRINCÍPIO: *Primeiro você deve alcançar seu estado normal e entender seu corpo.*

Os controles físicos devem ser localizados. Como atores, vocês devem aprender a viver com os controles físicos até que possam usá-los sem pensar neles.

Como um ator é chamado a interpretar muitos tipos diferentes de pessoas, você deve aprender a controlar seu corpo de modo a que possa executar movimentos a que não esteja habituado e desenvolver maneiras diferentes de andar que combinem com o personagem que está interpretando. A técnica para fazer isso é estabelecer alguma alteração física em seu corpo — um joelho rígido, por exemplo, ou uma corcunda — e localizá-la, bem como os músculos que a sustentam e controlam.

TÉCNICA DA REPRESENTAÇÃO TEATRAL

EXERCÍCIO 3

Imagine que você tem um joelho rígido. Para controlá-lo, não deixe que mais nada fique rígido.
1. Caminhe com o joelho rígido em casa.
2. Suba degraus com ele.
3. Vista-se com ele.
4. Viva com ele.
5. Marche com ele.
6. Dance com ele.

Se fizer isso algumas horas todos os dias, poderá usar esse controle muscular para representar o papel de um personagem que tem um joelho rígido. Certifique-se de que essa característica não ultrapasse os limites e atinja seus outros movimentos físicos.

EXERCÍCIO 4

Usando somente dois dedos de sua mão direita, mantenha o segundo e o terceiro dedos eretos como se estivessem numa tala. Agora:
1. Limpe a mesa.
2. Ponha o paletó.
3. Tire o paletó.
4. Vista uma suéter.
5. Coloque um avental.

Esse exercício dar-lhe-á habilidade para localizar outras partes de seu corpo onde você precise de controle muscular, como quadris ou costas.

Você deve estar convencido da verdade do que esteja fazendo. Deve aprender a viver constantemente com tal controle e também aprender a esquecê-lo. Ele deve passar a ser sua segunda natureza para que você fique totalmente inconsciente dele.

DANDO INÍCIO À TÉCNICA

O controle de seu corpo e de sua voz depende de você. É duro tornar-se ator. Quando estudei com Stanislavski em Paris, ele quase nunca me podia receber de manhã porque todos os dias, durante duas horas, trabalhava sua voz na tentativa de superar uma leve tendência de ciciar. Stanislavski tinha 71 anos nessa época.

DOMÍNIO DA FALA

Comparável aos controles para o corpo é o domínio da fala.

Cicios

Para causar a impressão de cicio, ponha a língua atrás dos dentes e fale a seguinte sentença:

"Era uma moça muito sedutora e chamou a atenção dos passantes ao parar e olhar a vitrine da loja."

Você deve ser capaz de localizar de onde vem o cicio. Aprender a ciciar é o ponto de partida para aprender a dominar sotaques.

EXERCÍCIO 5

Pratique cicios.

Sotaques

Para adquirir sotaques:

1. É aconselhável escolher uma vogal e duas consoantes do idioma que se pretende trabalhar.

2. Para sotaques regionais e idiomatismos, queremos que exerça esse controle e o pratique na sua vida diária até poder viver com ele.

EXERCÍCIO 6

Pratique um regionalismo do Nordeste brasileiro.*
Pratique um sotaque alemão.

MEMÓRIA MUSCULAR

No momento em que puder usar as mãos e lidar com adereços imaginários, você estará no comando de um outro princípio no seu trabalho: o princípio da verdade no palco. Você terá aprendido a verdade sensorial da memória muscular.

Cada adereço tem sua própria presença e verdade.

- Caneta-tinteiro
- Óculos
- Agulha e linha
- Tesoura
- Manga rasgada

O adereço é sempre verdadeiro. O ator deve praticar de modo a não distorcer a verdade do objeto.

O ator usa esses adereços, combina-os às vezes e serve-se de sua imaginação para torná-los verdadeiros.

EXEMPLO:

- Os óculos, como adereço, estão limpos. Mas o ator, através de sua imaginação, precisa limpá-los.
- Os óculos estão tortos. O ator precisa endireitá-los.
- Os óculos estão quebrados. O ator tem que consertá-los.

---

*Adaptação óbvia do texto original. (N. do T.)

DANDO INÍCIO À TÉCNICA

Em cada caso, o ator tem que usar sua imaginação para lidar com o adereço real como se ele estivesse em mau estado.

EXEMPLO:
- Você deve abrir um pote cuja tampa foi hermeticamente fechada.
- Lembre-se da força muscular necessária para abrir um pote na vida real. Use-a no palco.
- A tampa do pote está solta. Lembre-se da força muscular necessária para abri-lo quando estava presa.

A realidade que você cria no palco ao enfiar uma linha na agulha e costurar, ou limpar seus óculos e colocá-los, não é gerada para que a platéia acredite em você, mas a fim de que você acredite em si próprio. A atuação teatral ocorre quando você mesmo está convencido da verdade do que está fazendo. Esta é uma das essências do realismo e ela é aperfeiçoada fazendo-se coisas muito costumeiras.

Você aprenderá, a partir desses exercícios, a usar a verdade sensorial da memória muscular.

EXERCÍCIO 7

Para fortalecer a técnica da memória muscular, faça o seguinte:
1. Pegue uma agulha real.
   Enfie uma linha imaginária nela.
2. Pegue uma linha real.
   Enfie numa agulha imaginária.
3. Use agulha e linha reais para coser uma bainha imaginária num pedaço pequeno de pano.

TÉCNICA DA REPRESENTAÇÃO TEATRAL

EXERCÍCIO 8

1. Limpe uma lama imaginária de seu sapato.
2. Tire uma pena imaginária de uma saia ou calças reais.

EXERCÍCIO 9

Há cola em suas mãos. Use uma das mãos de cada vez, lave-a e veja se cada dedo está limpo da cola imaginária.

MOVIMENTO ANIMAL

O objetivo dos exercícios simulando animais é libertar o ator de sua máscara social e livrá-lo de suas inibições.

EXERCÍCIO 10

Imagine um animal de que você gosta. Seja capaz de fazer os movimentos característicos desse animal e acrescente então o som que ele faz, mas só depois que os movimentos estiverem dominados. Não tenha medo de parecer tolo. Reaja como faria o animal. Faça esse exercício durante quinze minutos a cada dia:
1. Movimentos de animal.
2. Sons de animal.
3. Pios de pássaro.

Você aprenderá a usar seu corpo e voz de formas diferentes.

EXERCÍCIO 11

Situe o animal num lugar determinado (circunstâncias). Por exemplo:
1. Macaco num zoológico.
2. Urso numa jaula.
3. Gato na sala de estar.

CAPÍTULO III Imaginação

Os atores americanos subestimam muito a riqueza de sua consciência coletiva. Se você for um típico ator americano, terá apenas uma vaga idéia do que seja tradição. Os Estados Unidos têm estado alienados do resto do mundo ocidental, e assim, culturalmente, você não tem ligações próximas. Você abandonou toda tradição e todo senso de história. Você tem que dar mais valor à sua própria reserva de conhecimento e aceitar maior participação de seu ego.

Noventa e nove por cento do que você vê e usa no palco vêm da imaginação. Em cena, você nunca usará seu próprio nome e personalidade, nem estará em sua própria casa. Cada pessoa com quem fala terá sido criada pela imaginação do dramaturgo. Cada circunstância em que se encontre será imaginária. E, desse modo, cada palavra, cada ação, deve ter origem na imaginação do ator. Se um fato não conseguir passar por sua imaginação de ator, ele parecerá falso. Nas aulas de oficina, portanto, os exercícios mais importantes são aqueles que devem ser feitos com o uso da imaginação.

CONSCIENTE COLETIVO

Sua imaginação consiste na habilidade de imaginar coisas nas quais nunca havia pensado antes. Para fazer isso sem grande esforço, você deve estar consciente da riqueza de sua memória, pois a memória coletiva do Homem é tamanha que ele não se esquece de nada que já viu ou ouviu, leu ou tocou. Você tem lançado mão somente de uma

TÉCNICA DA REPRESENTAÇÃO TEATRAL

pequenina fração do que conhece. Mas você conhece tudo. Está tudo armazenado. Uma enorme riqueza de material existe na cabeça do ator, e ele pode utilizá-la nas peças em que atue.

Se você se limita somente ao momento social de sua geração, se você está preso dentro dos limites da sua esquina, separado de cada objeto ou período que não diga respeito às suas experiências pessoais, então o resultado será um desrespeito pelo mundo em geral e uma alienação de qualquer coisa que não seja imediatamente reconhecível como parte de seus hábitos cotidianos.

A importância da literatura dramática tem sido reconhecida ao longo dos séculos, desde a cultura grega antiga até a do século XX, abrangendo, entre tantas outras fontes:

- todas as características regionais e nacionais
  a. sotaques
  b. recursos naturais
- a transferência e as mudanças de estilos
- os diferentes períodos de tempo
- os níveis sociais da sociedade
- os costumes e princípios de épocas passadas
- os estilos de vestuário de geração para geração
- o mobiliário diferente
- os vários gêneros de música do passado

Essa evolução social é que transformou uma caneca de barro num copo de papel. Essas criações e mudanças integram nossa herança cultural.

Sua imaginação é a chave que abrirá esse sésamo de imensurável tesouro.

A imaginação pode despertar o ator para as reações imediatas. Ele poderá ver rapidamente, pensar rapidamente e imaginar rapidamente. Em exercícios para estimular a imaginação, procuro pelas reações instantâneas dos atores a quaisquer objetos com que estiverem trabalhando. Para a imaginação vir depressa, tudo que o ator precisa fazer é deixá-la acontecer.

IMAGINAÇÃO

VENDO COM IMAGINAÇÃO CRIADORA

EXEMPLO:
- A camisa nova — qual era sua cor?
- Em que posição se encontrava?
- O que estava debaixo da camisa?
- A gravata — de que cor era?
- Qual era a largura da gravata?
- Como eram dobrados os lenços?
- Havia iniciais nos lenços?

EXERCÍCIO 12

Uma atriz deixou roupas limpas arrumadas num cabide do camarim.
Veja cada artigo do vestuário e descreva-o instantaneamente.
- De que cor era o *tailleur*?
- Como era feita a gola?
- Onde eram os bolsos do *tailleur*?
- De que material era feito o *tailleur*?
- Onde são os botões?

EXERCÍCIO 13

Peço sempre aos atores que me sigam com imaginação:
1. Vá até a janela e procure com os olhos.
2. Você vê uma balaustrada?
3. E um pombo na balaustrada?
4. Olhe para o pombo enquanto ele escapa e veja a sujeira que deixou.
5. Olhe atentamente para baixo da balaustrada.
6. Veja um carrinho com sacolas de supermercado.
7. Repare na cor do carrinho.
8. Uma criança está pulando corda.
9. Olhe para os sapatos que ela calça.

TÉCNICA DA REPRESENTAÇÃO TEATRAL

10. Olhe para o homem que está empurrando o carrinho.

11. Veja de que maneira ele está vestido.

Se os atores puderem acompanhar as imagens e criá-las, terão um esboço da rua. Desenhe-a num pedaço de papel. Nessa espécie de cena imaginária, eu sou seu autor e você me seguiu com a imaginação.

EXERCÍCIO 14

Agora estamos no inverno. Vista suas roupas de frio. Aproxime-se da janela e olhe para fora.

1. Caiu neve.
2. Há neve branca e limpa na balaustrada.
3. Um carrinho de supermercado está diante duma residência.
4. Os sacos de compras estão úmidos.
5. Uma lata de lixo na calçada está coberta de neve.
6. Olhe para a calha.
7. Um velho vaso de gerânio está visivelmente rachado.
8. Olhe para dentro do vaso.
9. Num monte de neve está uma casca de banana.

Reveja a cena descrita.

Agora você a viu, pode compreender a cena imaginária. Ela é verdadeira para você. A imaginação diz respeito à habilidade do ator em aceitar novas situações da vida e acreditar nelas. Da sua imaginação vêm as reações às coisas de que você gosta ou desgosta. Se você não pode fazer isso, é melhor desistir de representar. Sua vida inteira dependerá da capacidade de reconhecer que está numa profissão onde seu talento é construído sobre a imaginação.

IMAGINAÇÃO

VENDO E DESCREVENDO

Assimilar cuidadosamente uma imagem específica é o ponto de partida para ver.

- Uma macieira
- Uma cerca de madeira
- Um cavalo e uma carroça de madeira

Você deve gravar vividamente e com precisão as imagens, antes de poder descrevê-las. Só então poderá transmiti-las e fazer seu parceiro ou a platéia sentir o que você viu.

Mantenha os olhos abertos e assimile tudo visualmente. Ao descrever alguma coisa, você deve vê-la de fato. A diferença entre relatar e assimilar uma imagem e saber transmiti-la é o que faz de você um artista. Todos os dias você se alimenta das coisas reais que estão em torno de você. Por outro lado, numa peça teatral você se apóia numa situação imaginária, e sua responsabilidade é tornar real tudo que se ligue a ela.

OS FATOS x A VISÃO DO ATOR

O modo mais comum e não-artístico de observar abrange somente fatos e objetos concretos.

EXEMPLO: *Fatos*

Se peço a um ator que descreva o que viu na mercearia e ele responde "Vi algumas uvas, peras e bananas", concluo que ele poderá ser talvez um bom banqueiro, mas nunca um bom ator. Ele está vendo as coisas como um contador. Está relatando fatos.

O ator deve deixar que os objetos lhe digam alguma coisa; com isso, poderá discorrer pessoalmente sobre o que viu.

TÉCNICA DA REPRESENTAÇÃO TEATRAL

EXEMPLO: *A visão do ator*

Quando se referir às frutas, um ator dirá: "Vi peras fantásticas! Eram grandes, mas pareciam muito caras para se comprar. Vi, então, aquelas maravilhosas uvas de Málaga, grandes e muito doces. Havia também algumas daquelas uvas gordas, azuladas, e das pequenas, as verdinhas. Daquelas que se pode comer aos quilos e, a propósito, eram muito baratas." É assim, elaborada e viva, a visão do ator.

EXERCÍCIO 15

Descreva com imaginação criadora o escritório de alguém:
1. Faça um desenho de todos os objetos que lá estão.
2. Olhe-o.
3. Memorize-o.

Assim ele lhe pertencerá, e você jamais o esquecerá. Agora você pode transmiti-lo a quem bem entender.

Para um ator há muitas maneiras de ver:
• Ver especificamente.
• Ver rapidamente.
• Ver o que lhe prende a atenção.
• Ver as atividades cotidianas e situá-las em circunstâncias específicas.
• Ver as simples e eternas cenas da natureza e do comportamento dos seres humanos em seu cenário histórico.

EXERCÍCIO 16

Ver Especificamente

Descreva uma pedra.
Esta pedra é minha, apanhada no parque.

IMAGINAÇÃO

"Eu vi uma grande pedra no parque. Era cinza e sua superfície era irregular. Em torno dela havia grama, porém alguns trechos já estavam mortos e amarelecidos."

Para tornar a pedra mais vívida para seu parceiro, você amplia o que vê. Não use palavras decorativas.

Agora, dê-me a *sua* pedra.

EXERCÍCIO 17

Descreva uma rosa.

Se você diz "Eu vi uma rosa", e fala com seu parceiro sobre ela, deve esperar que ele *veja* a sua rosa.

Se eu falo sobre uma rosa, a imagem da rosa é bem específica.

"Eu vi uma rosa. É vermelha e amarela e tem um longo talo verde com espinhos."

Agora a rosa não é apenas um fato. Requer uma certa energia fazer seu parceiro ver o que você vê. Não basta que só você veja. Faz parte de sua técnica transmitir essas imagens ao parceiro.

EXERCÍCIO 18

Ver Rapidamente

Certos exercícios possibilitam ao ator fortalecer sua capacidade de olhar. Um deles, muito conhecido, é sobre concentração: vá à seção de verduras num supermercado.

1. Veja tudo que puder em dez segundos.
2. Anote num papel o que você viu.
   Olhe para seu parceiro.
1. Veja tanto quanto puder em cinco segundos.
2. Vire o rosto.
3. Anote o que ele está vestindo.
   Olhe ao redor da sala.
1. Conte até cinco, olhe para longe.
2. Cite dez objetos que você observou.

TÉCNICA DA REPRESENTAÇÃO TEATRAL

EXERCÍCIO 19

Veja o que Atrai sua Atenção

1. Um homem subindo numa árvore.
2. Uma folha caindo de uma árvore numa praça.

Agora "tome" dez coisas que atraem sua atenção e explique por quê. (Se uma imagem deixa você insensível internamente, ignore-a. Vá para a próxima.)

EXERCÍCIO 20

Imagine Atividades Cotidianas da Vida e Situe-as em Circunstâncias (o Lugar)

1. Comprando comestíveis (num supermercado).
2. Tirando a mesa (na sala de jantar).
3. Limpando o chão com aspirador de pó (num escritório).

Em que circunstâncias específicas você está vendo essas atividades?

EXERCÍCIO 21

Ver as Simples e Eternas Cenas da Natureza e do Comportamento Humano em seu Cenário Histórico

Há atividades do Homem, hoje, que existiram ao longo da História. Coisas que se vêem todo dia, sem lhes dar maior atenção, têm uma vida histórica.

A título de exercício, anote vinte atividades que permanecerão para sempre, tais como:

IMAGINAÇÃO

1. Um homem brincando com cachorro.
2. Uma mulher empurrando carrinho de bebê.
3. Um homem comprando jornal.
4. Um rapaz e uma moça dando-se as mãos.
5. Uma mulher carregando cesta de roupa suja.

Os atores devem exercitar seu poder de observação. Você deve estar continuamente atento às mudanças em curso no seu mundo social. Mantenha um diário preenchido com listas de observações. Não descreva objetos mecânicos, tais como lâmpadas elétricas, rádios ou máquinas de lavar pratos. Concentre-se em coisas que sejam eternas, como uma determinada árvore ou flor. A árvore tem uma certa grandeza que a faz merecedora de sua descrição. Descreva como uma folha se apresenta em diferentes estações.

Há escritores e artistas de todo o mundo que viajam ao sul da França, ou à Nova Inglaterra, só para ver as árvores no outono.

EXEMPLO:
A maior parte do tempo, somos indiferentes ao que vemos.
• Isto é uma mesa.
• Isto é uma cadeira.
• Essas são abelhas.

Ao fazer isso, banalizamos a vida.

EXEMPLO:
Um homem e sua mulher estão juntos numa viagem.
Ele poderia dizer: "Meu Deus! Aquela é a Notre-Dame!"
Ele responde: "Sim, eu sei."
• Ela vê a magnífica arquitetura de Notre-Dame.
• Ela vê o fato.

Eles estão vendo a catedral de formas diferentes.
Como atores, vocês devem compreender que cada item que vêem

TÉCNICA DA REPRESENTAÇÃO TEATRAL

é especial. Vocês devem estar atentos a tudo que vêem e, com isso, devem tornar cada coisa viva, a fim de que possam transmiti-la ao seu parceiro.

Vocês não deveriam usar palavras em demasia, mas somente aquelas de que gostam. O sentimento evocado pela descrição é mais importante do que a própria descrição.

EXERCÍCIO 22

Observe como o céu se mostra ao amanhecer; ao meio-dia; à meia-noite.

EXERCÍCIO 23

Cuidadosamente observe cores.

1. Veja cinco vermelhos diferentes:
- Vermelho-maçã
- Vermelho-sangue
- Vermelho-cor da rosa
- Vermelho-pôr-do-sol
- Vermelho-balão

2. Veja cinco diferentes brancos, azuis etc.

Cada cor é relacionada com um objeto; isso é o que a torna viva para você.

À noite, antes de dormir, anote o que viu durante o dia.

Um ator deveria praticar diariamente algumas das variações do exercício acima. Você tem a responsabilidade de cultivar seu poder de observação admirando as pessoas, percebendo o que elas vestem e nunca andando por uma rua sem examinar signos, vitrines de loja, pessoas, animais.

Numa de suas cartas, o célebre romancista americano Thomas Wolfe escreveu: "Esta semana estive olhando narizes. É bom isso."

IMAGINAÇÃO

EXERCÍCIO 24

Imagine:
1. Um menino sendo surrado por um policial.
2. Uma multidão que está quebrando vitrines.
3. Um carro onde as pessoas feridas estejam sendo removidas pela polícia.

Use sua imaginação. Essas situações exigem fortes reações.

Alguns atores se contêm e não reagem. Os atores devem, conscientemente, escolher coisas que os façam reagir. *Na sua escolha está seu talento*. Atuar está em tudo, exceto em palavras frias.

Freqüentemente um ator protestará: "Tenho medo de me forçar." Ele está com medo de violentar suas emoções, de expressar mais do que a ocasião e as circunstâncias pedem. Eu digo a você, não force, mas seja capaz de deixar acontecer. Nós fomos muito amortecidos pela televisão. Se sua relutância em se forçar inibe suas reações, você está receoso demais de ter sentimentos. Se você abafar seus sentimentos por muito tempo, acabará por eliminá-los. Em vez de ter uma honestidade falsa, eu preferiria que você fizesse um esforço extra.

De agora em diante seu trabalho o conduzirá a viver com imaginação. Você verá e atuará em circunstâncias imaginárias. Não será difícil se você aceitar que tudo que se imagina é verdadeiro. A função do ator é desinventar a ficção. Se você precisa de um limoeiro mas nunca viu um, terá que imaginar alguma espécie de limoeiro. Você o aceitará como se o tivesse visto. Você o imaginou, portanto, ele existe. Qualquer coisa que passa pela sua imaginação tem o direito de viver e tem sua própria verdade.

EXERCÍCIO 25

Enquanto caminha numa estrada do campo:
1. Saiba onde está.
2. Olhe para o céu. Está absolutamente azul. Nuvens brancas são carregadas pelo vento e pássaros estão voando em bando.

TÉCNICA DA REPRESENTAÇÃO TEATRAL

3. Ao longo da cerca há uma campina e na campina está uma vaca.
4. Olhe para a cor dela.

Diga-me três ou quatro coisas que tornam a vaca lógica e real.

EXERCÍCIO 26

Agora você está descendo uma alameda:
1. Um longo galho de árvore foi cortado.
2. Tire-o do caminho.
3. Suba por um caminho estreito.
4. De ambos os lados a grama cresce muito alto.
5. Você vai para uma velha ponte de madeira sobre um pequeno lago.
6. Incline-se na ponte de madeira.
7. No laguinho há um cardume de peixes pequeninos.
8. Mais abaixo da estrada e além do laguinho está um pátio com um varal amarrado entre duas árvores.
9. Algumas roupas estão penduradas no varal.
10. Pijamas de criança, meias curtas, tênis.
11. Uma velha toalha de mesa de cozinha.
12. Macacão.
13. Olhe para o macacão.
14. Observe seu feitio.

Pergunte-se:
1. Qual era a altura da grama de ambos os lados do caminho estreito?
2. Como era feita a ponte?
3. Onde estão os alevinos?
4. Descreva os tênis.
5. A toalha de mesa.

O que você viu é agora inteiramente seu.

IMAGINAÇÃO

Numa peça, o dramaturgo nunca lhe dará uma toalha de mesa que pertença a você. Seu texto simplesmente dirá: "toalha de mesa". Você terá que imaginar se ela é:

- Velha ou nova.
- Enrugada ou engomada.
- Lavada ou suja.

O autor indicará somente o que é. Você terá que lhe dar vida. Se o autor escreve que o dia está lindo, você terá que nos transmitir:

- Um céu que está azul.
- Nuvens brancas.
- Pássaros voando em bando.

A descoberta do que é lindo num dia compete a você.

O autor nunca lhe vai dar uma determinada estrada rural. Ele somente lhe dará palavras que dizem: "Eu estava andando por uma estrada no campo."

Você criará a estrada, dizendo a si mesmo:

- Ela é poeirenta.
- Tem cor de ferrugem.
- Há milharais de ambos os lados.

Embora o autor indique as circunstâncias, não as entrega ao ator.

Ao imaginar essa cena, haverá muitos fatos. Não os deixe mortos. Perceba, através de sua imaginação, a vida de cada fato. Como atores, vocês devem criar para nós o milagre da vida, não apenas o fato. Essa vida é o que chamamos de "a criação do ator". Se você puder criar a peça, saberá por que quer atuar. Se você não a criar, não vai querer atuar.

O ator é como um escritor, cheio de impressões que o inspiram. Ele não anda por aí como um funcionário desocupado, dizendo: "Vou comer *bacon* e ovos." Quando o ator compra *bacon* e ovos, ele vê:

- A garçonete.
- A mesa.
- O restaurante em sua atividade agitada.

O ator assimila tudo. Ele é capaz de ver que:
- O piso está sujo.
- A mesa não tem mancha.
- O café está fraco.
- Ninguém está realmente prestando atenção em ninguém.
- Todos estão com pressa.

Ele não está lá apenas para comer, pagar sua conta e ir embora. Ele é capaz de viver lá, prestando atenção, vendo, entendendo e até dizendo: "O que é isto? Em que tipo de lugar eu estou?" — da maneira como faz um pintor ou escritor.

Ao fazer esses exercícios, sua segurança aumentará. Você se sentirá enriquecido pela compreensão de que pode experimentar qualquer coisa. Você precisa tornar-se independente, e a habilidade que adquire através desses exercícios lhe dará confiança e grandeza para alcançar essa independência.

CAPÍTULO IV **Circunstâncias**

A VERDADE DO LUGAR

Na vida, todo ser humano sabe onde está. É um fato comprovado que todos estão em algum lugar. O lugar é chamado de "as circunstâncias dadas" da vida:

- Numa piscina.
- Na praia.
- Na biblioteca.
- Na escola.

Todas as pessoas são grandes atores porque aceitam exatamente o lugar onde estão. Os atores, contudo, têm, muitas vezes, pavor do palco porque, em cena, sentem-se abandonados num lugar que lhes é estranho. De repente, estão nas circunstâncias da peça e isto é o que lhes é tão estranho. São deixados sem a segurança absoluta que um lugar familiar lhes dá. Quando entram em cena, nada vêem. É como se fossem cegos. A fim de evitar isso, os atores devem imediatamente deixar claras para si mesmos as circunstâncias da peça que está se realizando no palco.

Primeiramente o ator deve começar a reconhecer os objetos, a mobília e as características do cenário. Antes de partir para o texto, é imperativo que ele se locomova fisicamente nas novas circunstâncias e use-as. Por exemplo:

- Sentando-se no sofá.
- Abrindo uma porta.
- Olhando por uma janela.

Até que essa facilidade seja adquirida pelo ator, ele estará perdido.

O tempo que ele leva para se acostumar ao cenário, que é agora uma sala ou um jardim específico, dará a ele o relaxamento, o senso de verdade e a autoconfiança necessários para se iniciar num novo texto.

Se os atores não estiverem confortáveis no espaço, não poderão trabalhar. A menos que possam obter o comportamento relaxado que lhes permitirá ver os objetos que pertencem ao ambiente e reagir a eles, estarão perdendo seu tempo. Os atores devem familiarizar-se com as circunstâncias.

Stanislavski disse: "A verdade na arte é a verdade das circunstâncias do ator." *Circunstâncias* é o termo que gostaríamos que você usasse como parte do vocabulário da atuação. "Onde estou?" é a primeira pergunta que você se deve fazer quando vai para a cena. Andar no palco para localizar o cenário imaginário faz você se sentir em casa e também retira a tensão da representação. O relaxamento vem do seu reconhecimento da veracidade das circunstâncias. Em cena, você nunca está realmente em circunstâncias semelhantes à vida, mas tem que aceitá-las como se fossem.

Em muitos casos, o ator fica tenso porque recorre primeiramente às palavras.

As palavras não fazem a peça. Você deve entender que a primeira regra é aceitar as circunstâncias que o dramaturgo lhe dá como a verdade. Se você trabalhar por vinte anos uma peça sem conhecer suas circunstâncias, fracassará. Se você partir primeiro para as palavras, não será um ator moderno — será apenas um mau ator. Como ator, você está sempre em circunstâncias dadas. A responsabilidade de preencher esse lugar é sua. Tire a ficção das circunstâncias ao deixar o lugar lhe dizer o que fazer.

A absorção completa do ator nas circunstâncias tem um outro enorme benefício. Se você prestar atenção às circunstâncias, não tomará conhecimento da platéia e não se preocupará com as pessoas que lhe assistem. Se você as ignorar completamente e apenas prestar atenção no que está fazendo, elas o amarão.

CIRCUNSTÂNCIAS

Se você atua de fato, a satisfação está na execução. Se você aceitar as circunstâncias da peça e os parceiros com quem tem que lidar, a platéia estará completamente ao seu lado. O ator tem muito mais prazer vivendo em suas circunstâncias dadas do que a platéia tem em assistir. Qualquer bom ator que está no palco e tem consciência do que seja experimentar as circunstâncias não trocaria essa experiência por nenhuma outra.

VIVENDO NAS CIRCUNSTÂNCIAS

EXERCÍCIO 27

Se o espaço no palco é uma biblioteca, você anda em todas as direções estabelecendo suas várias áreas.

1. Livros circundarão você.
2. Onde estaria o lugar que você escolheria? Você precisaria estabelecer essa área.
3. Na biblioteca há uma pessoa mais importante que você — a bibliotecária. Estabeleça a área dela e mantenha sua própria área separada da dela.
4. Se você usasse a biblioteca, a que seção você se dirigiria? Haveria um lugar para livros de consulta, para poesia, para atlas e assim por diante.
5. Escolha a área onde trabalhará.

Agora que você situou as circunstâncias, está apto a lidar com o texto que lhe dará as ações e o diálogo. Mas lembre-se de que as circunstâncias virão sempre primeiro.

As idéias dos grandes dramaturgos são quase sempre maiores que o entendimento de muitos atores, e você deve procurar por essas idéias. Se você pode identificar-se com esses conceitos, então você os

TÉCNICA DA REPRESENTAÇÃO TEATRAL

compartilha com os autores. Sua função agora é o que chamamos "interpretação". Essa é sua responsabilidade interpretativa.

Um grande dano foi feito aos atores americanos quando lhes disseram que teriam que se experimentar no palco em vez de experimentar as circunstâncias. Você não deve tomar a si mesmo e pôr isso em Hamlet. Hamlet é um príncipe da Dinamarca. Por esse motivo, a verdade do personagem não se encontra em você, mas nas circunstâncias da posição real de Hamlet, personagem que você está representando. A ação de Hamlet — decidir entre viver ou morrer — tem que ser posta nas circunstâncias *dele*, não nas suas. A verdade é sempre a verdade nas circunstâncias do personagem.

EXERCÍCIO 28

Você deve ser capaz de executar ações em diferentes circunstâncias. A ação permanece a mesma; as circunstâncias são diferentes.

Sua ação é se vestir:

1. Vista-se num camarim de teatro.
2. Vista-se no seu quarto.
3. Vista-se no vestiário de um ginásio.

EXERCÍCIO 29

Nas circunstâncias de um restaurante, sua ação é pedir um jantar:

1. Vá até o bar e pegue uma bebida.
2. Vá até a mesa e mande servir o jantar.
3. Vá até o caixa e pegue sua carteira de dinheiro.

EXERCÍCIO 30

Usando as circunstâncias de uma loja, sua ação é comprar uma blusa:

1. Escolha uma blusa da prateleira.
2. Experimente-a na cabine.
3. Pague ao caixa.

CIRCUNSTÂNCIAS

CONSTRUINDO CIRCUNSTÂNCIAS MAIS AMPLAS

- Onde a ação ocorre? Numa casa.
  a. Quando? 1948.
  b. A que hora do dia? 7 h da noite.
  c. Em que estação? Primavera.
- Construa um lugar para si mesmo.
- Comece a viver nesse lugar como o personagem.
  a. O que faz ele nesse local?
- Cada ação tem circunstâncias e é cercada por circunstâncias mais amplas.
  a. Qual cidade/município? Boston, Massachusetts.
  b. Qual país? Estados Unidos.
  c. Que hemisfério? Parte nordeste da América, fronteira com o oceano Atlântico.

A ATMOSFERA NAS CIRCUNSTÂNCIAS

A atmosfera vem das circunstâncias. Você obtém o clima de cada cena ou ato da peça. Todas as circunstâncias têm atmosfera.

EXEMPLO:
- Uma igreja tem sua atmosfera.
- Um bar tem sua atmosfera.
- Um passeio no parque tem sua atmosfera.
- Um hospital tem sua atmosfera.
- Um parque de diversões tem sua atmosfera.
- Um cemitério tem sua atmosfera.
- Um cortejo tem sua atmosfera.

Sua ação pode ser leve ou carregada, dependendo das circunstâncias sobre as quais o autor escreveu. Se é uma comédia, será leve; se é drama, será carregada; ou pode ser, em ambas, média. A atmosfera pode mudar, e o dramaturgo pode alterar a cena para incluir vários climas.

CAPÍTULO V   Ações

O objetivo de sua abordagem na atuação é encontrar as ações numa cena ou peça. As ações devem ser realizáveis e podem ser expressas usando-se a forma verbal.

- Uma ação é alguma coisa que você faz: Ler.
- Uma ação tem um fim: Estou lendo o jornal.
- Uma ação é feita em determinadas circunstâncias: Estou lendo no metrô.
- Uma ação é justificada: Estou lendo para acompanhar a Bolsa de Valores.

AÇÕES FORTES E FRACAS

Existem ações fortes e fracas. Para ser forte, uma ação necessita de um fim ou objetivo. Por exemplo, vou sair do quarto. O quarto é o fim de ação e o fim a torna forte.

Vou escrever. Esta é uma ação sem um fim e, portanto, fraca. Se sua ação é "ir embora", ela é mais fraca que "ir para casa".

AÇÃO FORTE	AÇÃO FRACA
Gostaria de tomar café.	Gostaria de beber alguma coisa.
Gostaria de dar um passeio no parque.	Gostaria de ir a algum lugar.
Gostaria de ir para a cama.	Gostaria de descansar.
Gostaria de escrever uma carta.	Gostaria de escrever.

TÉCNICA DA REPRESENTAÇÃO TEATRAL

Comecemos com ações simples.
A ação é:
- Verificar *as lâmpadas.*
  a. Verificar as lâmpadas do lustre.
  b. Verificar as lâmpadas nas luminárias.
  c. Verificar as lâmpadas nas arandelas.
- Encontrar *minha bolsa.*
  a. Encontrar minha bolsa no chão.
  b. Encontrar minha bolsa no guarda-roupa.
  c. Encontrar minha bolsa na sala.

Os exemplos anteriores são de ações que têm um fim definido e são feitas em determinadas circunstâncias. O que está enfatizado fará você perceber que o fim lhe dá a intenção de cada ação. Essas são ações simples que estão ligadas a ações maiores.

EXPLICAÇÃO DE UMA AÇÃO

Numa *Ação, Você Deve Saber:*
- O que você faz: Jantar.
- Onde você faz: Na sala de jantar.
- Quando você faz: Na hora do jantar.
- Por que você faz: Para comer com a família depois do trabalho.

Mas você não sabe como fazer. O *como* é espontâneo e inesperado. A ação nunca inclui o *como.*

EXEMPLO:
Ação:

- Limpando o escritório.	*O que* você está fazendo?
- Sala particular num apartamento.	*Onde* você está fazendo?
- Nove horas da manhã.	*Quando* você está fazendo?

AÇÕES

- Dois clientes estão vindo   *Por que* você está fazendo?
  para um encontro.

NATUREZA DE UMA AÇÃO

Cada Ação Tem sua Natureza
- Calçar sapatos.
- Calçar meias.
- Passar fraldas a ferro.
- Preparar bebidas.
- Vestir a boneca.
- Pôr sua correspondência em ordem.
- Pôr as contas em ordem.

Cada ação que você faz tem a sua *natureza*. Que quer dizer a sua verdade. Para ser verdadeiro em cena você deve saber a natureza da ação que está fazendo e ela deve ser verdadeiramente executada.

Em algumas ações você realiza coisas físicas. As coisas que você realiza para cumprir suas ações são chamadas "atividades".

Ação: Pôr a Mesa
- A natureza da ação é pôr facas, garfos e colheres. Isto é o que chamamos "atividades".

EXEMPLO:
Ação: Pôr a Mesa
Atividades:
- Colocar copos.
- Colocar pratos.
- Colocar garfos.

TÉCNICA DA REPRESENTAÇÃO TEATRAL

EXEMPLO:

Ação: Acender um Fogo
   Atividades:
   • Pegar madeira.
   • Conseguir tiras de papel.
   • Obter líquido inflamável.

EXEMPLO:

Ação: Jantar
   Atividades:
   • Passar a sopa.
   • Cortar as verduras.
   • Misturar o molho.

Uma vez que tenha *fisicalizado* essas ações (nos exemplos acima), a *ação total* será passar a noite em casa.

AÇÃO TOTAL (SUPEROBJETIVO)

Todas as técnicas que você aprendeu até aqui servem somente a um propósito, e esse propósito é fazer com que o ator chegue ao que Stanislavski chamava de superobjetivo do autor.

Todo personagem deve caminhar em direção ao superobjetivo da peça. É dever do ator compreender a intenção da peça. É o que move o dramaturgo a escrevê-la.

O ator deve estar certo de que a idéia central de uma determinada peça vai atraí-lo emocional e intelectualmente. O ator deve saber como tomar essa idéia para si. Todas as ações numa peça são interligadas e conduzem o ator ao superobjetivo, ou ação total.

O autor escreve a peça para ser representada. Mas o dramaturgo não faz o ator ciente de como a peça deve se desenvolver para realizar seu propósito máximo. Exploremos agora esse desenvolvimento pelo qual o ator é responsável.

AÇÕES

Uma ação deve ser dividida em ações ou etapas menores. Por exemplo, na ação de ir para o trabalho de manhã há um número de etapas, tais como: acordar, tomar café, pegar o trem etc. O superobjetivo de ir trabalhar poderia ser *manter a família unida.*

EXERCÍCIO 31

Complete a ação seguinte:
Preparar o Desjejum
Esteja seguro e divida a ação em atividades como:
1. Frigir ovos.
2. Espremer suco de laranja.
3. Passar manteiga na torrada.

PRINCÍPIO: *Etapas nas Ações:*
- Se uma ação for muito complicada, divida-a em duas ou três etapas e cada etapa ajudará no desenvolvimento da ação.
- Quaisquer etapas que você adote na sua ação devem ser necessárias e dirigidas a ela.

Etapas numa Ação:
Se sua atividade é tomar café, você deve executá-la. Se sua atividade é tirar o anel, você deve executá-la. Mas você não pode realizar a ação de preparar uma festa, ir trabalhar ou viajar para a Europa sem dividi-la em etapas que a constituirão.
Seria de grande auxílio anotar, como está escrito abaixo, sua ação, as etapas nessa ação e as atividades:

EXEMPLO:

AÇÃO   ETAPAS

Ir para o trabalho   *Etapa 1.* Vestir-se (As atividades ou
                        natureza da ação são):
                        Atividades:
                        a. Trocar os sapatos.

TÉCNICA DA REPRESENTAÇÃO TEATRAL

    b. Colocar os brincos.
    c. Arrumar a bolsa.
Etapa 2. Tomar o desjejum.
Atividades:
    a. Colocar o pão na torradeira.
    b. Preparar café na cozinha.
    c. Preparar os cereais.
Etapa 3. Arrumar minha pasta de negócios.
Atividades:
    a. Pôr a correspondência em ordem.
    b. Examinar a pasta de papéis do advogado.
    c. Assinar cartas.

Suas etapas são extraídas da ação. Detenha se na ação — alimente-se dela.

EXEMPLO:

AÇÃO
Preparar-se para
   uma festa

ETAPAS
Etapa 1. Reunir minhas roupas.
Atividades:
    a. Escolher um vestido.
    b. Escolher um par de sapatos.
    c. Escolher uma bolsa.
Etapa 2. Preparar as bebidas.
Atividades:
    a. Pegar as garrafas de licor.
    b. Pegar o gelo.
    c. Pegar os copos.

Tudo isso fará parte da natureza de "preparar-se para uma festa". Tente não escolher mais que três atividades.

AÇÕES

EXERCÍCIO 32

Ação: Viajar no verão.
   Etapas:
   1. Arrumar suas coisas.
   2. Verificar dinheiro e passaporte.
   3. Deixar um recado para a empregada cuidar da casa.

Ação: Celebrar o Natal.
   Etapas:
   1. Embrulhar os presentes.
   2. Enfeitar a árvore.
   3. Enviar os cartões.

Realize as atividades ou a natureza de cada etapa.

FISICALIZANDO (FAZER ALGUMA COISA FÍSICA)

Quando eu peço a um ator para fisicalizar suas ações e usar suas circunstâncias, o objetivo é tirar o fardo de cima. Se você ler alguma coisa no jornal de que goste, recorte-a. Então você estará fisicalizando a ação de ler o texto. Você tem sempre que manter as circunstâncias verdadeiras. Na vida, como no palco, não "quem eu sou" mas "o que eu faço" é a medida do meu valor e o segredo do sucesso. Todo o resto é espalhafato, arrogância e vaidade. Qualquer coisa que você faça deve ser fisicalizando. Fazer significa fisicalizar.

Se um ator falha em se proteger no palco fisicalizando sua atuação, nós provavelmente vamos surpreendê-lo tentando representar sentimentos. Em vez disso, escolha alguma coisa física para fazer, como:
- Pegar uma carta.
- Guardar as chaves.
- Averiguar se as lâmpadas estão acesas.

TÉCNICA DA REPRESENTAÇÃO TEATRAL

A atmosfera da peça estará lá, mas não a verdade da peça. Em cena, quando a verdade chega, devemos celebrá-la eternamente.

CONCLUINDO E NÃO CONCLUINDO AS AÇÕES

Ou você conclui a ação ou não. Se você não completa a sua ação, deve transformá-la em outra. Se você pode concluir sua ação, continue com ela e passe para uma outra. Mas você deve estar sempre em ações — em vez de estar em palavras.

EXEMPLO:
a. *Ação:* Ir ao teatro.
   (Você perdeu seus ingressos.)
   Você não pode completar sua ação. Você muda para uma ação alternativa.
b. *Ação:* Passar a noite em casa.

EXEMPLO:
a. *Ação:* Tomar banho.
   (Não há água quente.)
   Você não pode completar sua ação.
b. *Ação:* Vestir-se.

EXEMPLO:
a. *Ação:* Ir ao teatro.
   (A campainha toca.)
   A ação é interrompida.
b. Passe para a ação de receber sua visita.
c. Volte para a ação original de "Ir ao teatro".
   A vida pode intrometer-se na sua ação.

EXEMPLO:
Ação: Estudar anatomia.

A vida se intromete na ação.
- O telefone toca.
- Você fecha a janela.
- Você desliga o rádio.
- Você acerta o relógio.
- Você pega uma xícara de café.

Sempre retorne à sua ação de estudar anatomia.

EXEMPLO:
Ação: Preparar café.
- O carteiro toca a campainha.
- O telefone toca.
- O inspetor quer checar as luzes.
- O cachorro está arranhando a porta para sair.

Continue a ação de preparar café.

AÇÕES QUE NÃO EMPREGAM TEXTO

Existem ações que o impelem a usar circunstâncias que não empregam texto.

EXEMPLO:
Ação: Costurar em meu quarto.
- Vejo uma toalha na cama: eu a penduro.
- Ouço o táxi buzinando: olho pela janela.
- Vejo minha bolsa: levanto-me para guardar dinheiro.
- Vejo uma gaveta entreaberta: retiro a suéter.
- O relógio toca: verifico a hora.

EXEMPLO:
Ação: Ler na varanda.

TÉCNICA DA REPRESENTAÇÃO TEATRAL

- Afaste sua cadeira do sol.
- Coloque água nas flores da mesa.
- Pegue uma caneta sobre a mesa.
- Fuja das abelhas que estão à sua volta.

PREPARAÇÃO E ENTRADAS CONVINCENTES

Sempre que você entra ou deixa o palco, isso é feito dentro de circunstâncias específicas e deve preparar-se. Preparação é algo que você faz por si mesmo.

A preparação se destina a ajudá-lo a começar sua ação. Também o trará para mais perto das circunstâncias dadas.

- A preparação não é outra ação.
- Você deve selecionar o detalhe, a coisa minúscula que será útil para a sua ação.
- Preparação é algo que você faz por si mesmo.
- Você tira uma coisa de suas circunstâncias que o ajudará a começar sua ação.

Se sua ação é entrar numa biblioteca, tome alguma atividade física, tal como retirar o casaco ou folhear sua agenda, para auxiliá-lo durante a entrada. Quando você passa de um aposento para outro, nós precisamos saber em que cômodo estava e em qual está entrando. Se você entrar com flores recém-colhidas e colocá-las num vaso, podemos deduzir que você acabou de vir do jardim. A preparação afastará a tensão. O adereço o manterá verdadeiro.

EXEMPLO:
Entrando:

- No escritório   Pegue a correspondência ao passar.
  Guarde os óculos.
  Use a chave para abrir o escritório.
- No quarto   Tire o cachecol.
  Recoloque a chave na carteira.

AÇÕES

	Leia nome e endereço numa carta.
• Na sala de aula	Tire o casaco.
	Tire as luvas.
	Arrume os papéis da aula.

EXERCÍCIO 33

Traga cinco preparações para uma ação.

Ação: Esconder-se.

"Ele está me procurando, então é melhor que eu me esconda."

Faça alguma coisa ao entrar. Termine-a no palco. Desse modo a platéia poderá dizer o que você estava fazendo antes de entrar.

Muitos atores começam passivamente, sem estar num lugar específico, sem ter essa preparação física necessária para impulsioná-los para dentro da ação de entrar na sala.

DOR E MORTE

Mais cedo ou mais tarde, seu trabalho no teatro irá exigir que você expresse dor ou choque, ou você será ferido e terá que morrer à vista da platéia. São ações que não podem ser experimentadas diretamente no palco e para as quais você precisa de esforço. Nesta técnica as palavras "como se" são usadas para estimulá-lo.

EXERCÍCIO 34

Dor

Se o personagem tem uma terrível dor de cabeça, você, como ator, deve localizar onde é a dor de cabeça. O meio de poder imaginar que ela existe é "como se":

1. Alguém estivesse apertando seu globo ocular.
2. Você estivesse fazendo um buraco em seus olhos.

TÉCNICA DA REPRESENTAÇÃO TEATRAL

3. Eu estivesse enfiando uma agulha no seu olho.
4. Eu estivesse derramando álcool nele para limpá-lo.

Você não deve buscar a reação. Ela deve vir imediatamente da imagem mental, e você deve escolher uma imagem que o afete instantaneamente de modo que a reação possa sobreviver.

EXEMPLO:
Se você tem uma terrível dor de dente:
• Localize a dor e então é "como se" alguém estivesse raspando suas gengivas com uma gilete.

Não antecipe a dor. Ela deve vir da gilete raspando as gengivas. O uso da metáfora para despertar uma reação não vai além do que fazemos na vida real ao dizer: "Tenho azia" ou "Minhas costas estão rangendo" ou "Minha cabeça está rachando". A imagem projeta a dor da experiência. É "como se" eu tivesse uma ferida aberta no alto da minha cabeça e estivessem derramando amônia na beira da ferida. A imaginação despertada pelo "como se" lhe dará a técnica para sentir a dor em qualquer parte do corpo.

Morte

Se você recebe um tiro, deve situar o lugar onde foi ferido; pode então cair para a frente ou saltar com o baque. A reação de John Barrymore ao receber um tiro em cena foi dar um salto de 90cm no ar. A ação de dormir está próxima à de morrer — o abandono da consciência. Você começa a perder a vida, perder o mundo. Primeiro a vontade não está mais sob controle. Você tenta estender o braço, mas não consegue. Continua a respirar, mas não pode mais se mover. Os sentidos começam a abandoná-lo — audição, visão, paladar; então o cérebro morre e o coração pára. Ao morrer, você experimenta esses estágios sucessivos de perda até que você tenha partido.

AÇÕES

EXERCÍCIO 35

Esta é sua primeira peça, contendo muitos elementos com que você tem trabalhado até este ponto.

I — ENREDO:
Estourou uma revolução num povoado da América Latina, onde um hospital para crianças está sendo atacado. Um tiroteio pode ser ouvido. Um funcionário americano do Corpo da Paz deve cruzar as linhas inimigas para conseguir suprimentos médicos porque as vidas das crianças estão em perigo.

OBJETIVO: Salvar as crianças.

II — AÇÃO: Obter socorro.

III — ETAPAS:
Etapa 1. Escapar, cruzando a fronteira.
    a. Passar pelo fogo inimigo.
    b. Um pântano com cobras venenosas deve ser atravessado.
    c. Superar barreiras de arame farpado e a densa vegetação rasteira.
Etapa 2. Abrigar-se numa cabana de taipa.
    a. Ler a lista médica suja de lama.
    b. Afastar o arame farpado de sua perna.
Etapa 3. Pedir socorro por sinais.
    a. Agitar uma bandeira.
    b. Ferir-se em fogo cruzado.
    c. Lutar contra a morte.

O propósito desse exercício é mostrar a você como usar sua habilidade e técnica para trabalhar em circunstâncias difíceis e variáveis e seguir o enredo do começo ao fim antes de começar a trabalhar no personagem.

TÉCNICA DA REPRESENTAÇÃO TEATRAL

- Cada ação deve ser representada verdadeiramente.
- Você deve deslocar-se através de circunstâncias variáveis.
- Tudo que você faz ou pensa deve ser justificado com clareza.

EMOÇÃO

Mente, coração e alma do ator estão envolvidos em sua profissão. Algumas vezes a mente assume o comando. Outras vezes a alma está mais envolvida. Isto traz à baila a questão da emoção. O ator tem numerosos recursos dentro de si mesmo para obter a emoção de que a peça ou o personagem necessita. Toda a emoção exigida dele pode ser encontrada através da sua imaginação dentro das circunstâncias. O ator deve entender que não pode existir verdadeiramente, exceto dentro das circunstâncias da peça.

Se na peça o ator necessita de uma ação à qual não responde, pode voltar à sua própria vida, não em busca da emoção, mas de uma ação similar. Em sua própria experiência pessoal você teve uma ação semelhante à qual correspondeu uma reação emocional. Volte à ação e às circunstâncias específicas em que esteve e lembre-se do que fez. Se você recordar o lugar, os sentimentos voltarão.

Se o ator tem que rezar para Zeus e considera isso difícil, pode dizer: "Alguma vez na vida eu orei", voltando então à sua própria vida em busca da ação "orar", que implica pedir socorro. Se ele chegar a esta ação através da sua própria vida e de suas circunstâncias pessoais, deve tirar dela somente o seu lado realizável: "Pedir socorro." Uma vez que ele saiba o que é realizável na ação de orar, deve voltar imediatamente para as circunstâncias da peça e erguer as mãos para Zeus ou Buda. Se o ator constrói os antecedentes da peça e justifica a ação de estender as mãos, porque as crianças estão morrendo, não têm água, suas línguas estão inchadas, haverá o suficiente para dar a ele a ação de estender as mãos ou "orar".

O lado físico da ação "orar" é "estender as mãos". Usar uma ação de seu passado é a única maneira em que ele pode ser trazido para a

AÇÕES

peça. Permanecer com seu passado pessoal, que o fez chorar ou que lhe causou tão grande emoção, é falso, porque você não está naquelas circunstâncias agora. Você está na peça e são as circunstâncias da peça que têm de ser realizadas verdadeiramente, tomando emprestado da ação que você teve no passado apenas o que era físico, não a emoção.

CAPÍTULO VI   Justificação

Antes vem a ação, depois uma razão para executá-la: essa razão chama-se justificação. Encontrar razões para tudo o que você faz no palco mantém suas ações verdadeiras. A justificação, a parte criativa de seu trabalho, é o que o alimenta no teatro.

A justificação não está nas falas; está em você. O que você escolhe como sua justificação deve estimulá-lo. Como resultado desse estímulo você experimentará a ação e a emoção. Se você escolher uma justificação e não sentir nada, terá que selecionar alguma outra coisa que o desperte. Seu talento consiste em quão bem é capaz de optar por sua justificação. Na sua escolha reside seu talento.

A justificação pode ser feita de muitas maneiras. Vamos começar com a *justificação imediata*.

JUSTIFICAÇÃO IMEDIATA

Esta justificação lhe dá a necessidade imediata para o que você está fazendo.

EXEMPLO:
Por que você está abrindo a janela?
- Houve um estrondo lá fora.
- Para respirar ar fresco.

Por que você está fechando a janela?
- O abajur estava balançando.
- Para manter as moscas lá fora.

Por que você fechou a porta do camarim?
- Eu estava trocando de roupa.
- A dobradiça estava frouxa.
- Eu precisava da pedra que a estava mantendo aberta.
- Para surpreender as pessoas com meu novo traje.
- Para impedir que a música do ensaio entrasse.

No último exemplo, as cinco respostas servem como uma justificação espontânea para a ação de fechar a porta. Mas você não pode dizer: "Fechei a porta porque havia um ator no *hall* que eu não queria ver." Este é um exemplo do que chamamos ficção contribuindo com a justificação. Uma pessoa sobre a qual você não sabe nada foi trazida desnecessariamente ao caso, e a justificação imediata saiu pela janela.

EXEMPLO:
Por que você está se vestindo?
- Estou me trocando para o segundo ato.
- Para ir à formatura.
- Para tomar parte na festa dos vizinhos.

Por que está pegando um copo d'água?
- Para tomar algumas vitaminas.
- Para gargarejar.
- Preciso de uma bebida suave depois de um drinque.

A justificação tem que ser algo que possa ser feito.
- Preciso de água para as flores.
- Preciso de água para tomar uma aspirina.

A justificação imediata despertará sua capacidade de experimentar a atividade.

EXEMPLO:
Por que você está batendo na mesa?
Você pode dizer:

JUSTIFICAÇÃO

- Para chamar atenção dos atores.
- Para testar a resistência dela.

Mas você não pode dizer: "Estou batendo na mesa porque estou com raiva." Isto é inventar alguma coisa dentro de si; você não pode recorrer às emoções para a sua justificação. Não introduza uma reação emocional extra porque você não a tem. Antes, você deve partir para as circunstâncias imediatas, para uma atividade que seja imediatamente realizável.

EXEMPLO:
Por que você está abrindo a gaveta da cômoda?
- Para pegar um lápis.
- Para tirar minha chave.
- Para pegar selos de correio.
- Para verificar se o pegador da gaveta foi consertado.

Cada justificação deve ter uma lógica: você abre uma gaveta para pegar lápis e papel de carta para escrever. A justificação deve continuar todo o tempo; é a fonte original que o desperta para a ação.

Você poderá visualizar isso se, fora do espaço de ensaio, nós criarmos um jardim com árvores e um lago natural. Se lhe forem dadas duas ou três coisas para fazer ao redor do jardim e do lago, você deve justificar cada ação. Praticando a justificação imediata, você deve lidar somente com as circunstâncias à sua frente.

Ação: Passar a tarde no jardim.

"Vou subir numa árvore."

Esta afirmação, descrevendo uma atividade sem um objetivo interno, não é o bastante.

"Vou subir numa árvore para colher uma maçã."

Agora nos foi dada a justificação. Os atores freqüentemente são tentados a expandir a razão ao dizer: "Vou subir numa árvore para colher umas maçãs que darei a meus amigos." Os amigos foram trazidos desnecessariamente à cena à qual não pertencem. Você pode

TÉCNICA DA REPRESENTAÇÃO TEATRAL

dizer. "Quero subir na árvore para colher uma bela maçã suculenta que seja boa para comer." Agora a maçã começa a adquirir a vida da situação. Dizer que você quer dar umas maçãs para seus amigos é simplesmente um enredo falso.

Tente algumas outras atividades nesse jardim com lago. Por que você põe sua mão na água? Muito simplesmente para salvar uma borboleta. Continue dentro das circunstâncias, e você descobrirá o que mais pode fazer.

EXEMPLO:
Por que você limpou sua mão com um pano?
• Eu quero passar o bronzeador.

Por que você se dirigiu para a cadeira?
• Não porque você está cansado e quer sentar-se. Isto é mentira. Em vez disso, você se dirigiu até a cadeira para pegar uma toalha.

Por que você está estendendo sua mão direita?
• Não para pegar fósforos, dos quais você nao precisa.
Em vez disso, apanhe alguma coisa necessária quando se está ao sol, como óculos escuros, por exemplo.

A finalidade é continuar com lógica dentro das circunstâncias particulares de se passar a tarde no jardim.

EXERCÍCIO 36

Para justificar as perguntas seguintes, o que você escolher deve estimulá-lo. Por que você está:
1. Saindo de um edifício?
2. Entrando numa loja?
3. Levando o cachorro a passear?
4. Carregando pacotes?
5. Parando na esquina?

JUSTIFICAÇÃO

Use a sua imaginação na resposta. Não escolha expressões como com calor, com frio, confortável ou bonito porque elas não são fáceis para um ator representar. Irei fisicalizar todas essas palavras para você.
COM CALOR: Desliguei o aquecedor porque estava com calor.
    Abri a janela porque estava com calor.
COM FRIO: Coloquei minha suéter porque estava com frio.
    Acendi um fogo porque estava com frio.
CONFORTÁVEL: Liguei o ar-condicionado para ficar confortável.
    Tirei o cobertor para ficar confortável.
BONITO: Tirei uma foto das flores, pois eram bonitas.
    Comprei o vaso porque era bonito.

JUSTIFICAÇÕES MAIS CRIATIVAS

"Por que você está conduzindo o homem para o lado oposto da rua?"
"Porque ele é cego e ninguém mais se preocupou em ajudá-lo."
Esta é uma justificação mais criativa. Você terá total segurança se sua imaginação estiver funcionando. A segurança vem da justificação que você escolher. Cada justificação deve passar pela sua imaginação a fim de se tornar pessoal e, desse modo, mais interessante e vívida para a platéia.

EXEMPLO:
- Por que você está lendo o livro?
  O livro explica a técnica de atuar.
- Por que você está consertando a cadeira?
  Ela é antiga e posso doá-la a um museu.
- Por que você está tirando um sapato?
  Precisava estimular a circulação nos meus dedos.

EXEMPLO:
- Estou fechando a janela porque o vento está derrubando os guardanapos da mesa.

TÉCNICA DA REPRESENTAÇÃO TEATRAL

- Estou fechando a porta para não ouvir o barulho dos pratos.
- Estou abrindo a porta porque falta o número nela e os convidados não saberão onde entrar.

Escolha justificações que o façam reagir imediatamente, pois você deve realmente acreditar no que está dizendo. Através da justificação você tem uma situação real no teatro porque está dando vida às falas. Essa contribuição chama-se "a verdade teatral" do ator. Se você não usar a sua imaginação, não terá criado nenhuma contribuição para a peça.

A justificação deve ter um nível:

LEVE: Ganhei na loteria.

MÉDIO: O frio não é excessivo. Estou alegre. Joguei fora todo o medicamento. Todos estão saudáveis, inclusive o bebê.

CARREGADO: Ocorre quando você descreve uma cena de inverno na Baviera ou uma avalanche nos Alpes.

Pode-se avivar o perigo dessas circunstâncias, adicionando-lhes detalhes. Da avalanche pode-se dizer:

- Alguém tem que aquecer os corpos com toalhas e cobertores.
- Alguém tem que se livrar das árvores quebradas e limpar o caminho para fazer uma trilha até o hospital.

A adição de detalhes estimulantes afeta as emoções do ator. Os níveis acompanham as circunstâncias. A realização de ações, sustentadas pela justificação imediata, atenua a pressão excessiva do ator ao representar recorrendo a sentimentos indeterminados e inconstantes. As pessoas não atuam. Elas experimentam alguma coisa. Experimentam um momento, e então o próximo e depois o outro. Se a justificação é o seu forte, não vá além do que ela possa induzir.

Inverta a cena de modo que o palco seja um camarim de teatro.

- Você se senta na beira do palco.
- Por que você se senta?

Um ator diz: "Sento-me porque quero ter uma perspectiva melhor do palco." Mas eu o aconselho a abandonar essa falsa e acadêmica

JUSTIFICAÇÃO

"perspectiva" e dizer muito simplesmente: "Estou sentando porque quero ver o palco." Quando você diz: "Quero obter uma perspectiva melhor do palco", não usou palavras que o estimulam. Evite palavras que não o excitam. Quando você vê alguma coisa, deve me fazer vê-la também. Não poderei vê-la se sua escolha de palavras for fria e remota.

Quando pedi cinco razões para alguém poder se queixar de sair pela manhã, um ator respondeu: "O elevador leva quinze minutos para descer do sétimo andar. É por esse motivo que eu odeio tomá-lo."

Nessa justificação, que é forte e correta, há também um perigo. No momento em que você usa a primeira pessoa do singular ou palavras como *amo* e *odeio*, que têm alto conteúdo emocional, as exigências de justificação são mais fortes. Você tem que ter experimentado a justificação quando usa o "eu".

A JUSTIFICAÇÃO NAS CIRCUNSTÂNCIAS

Use as circunstâncias e, se possível, fiscalize os adereços.

EXEMPLO:
   • Ajudei um velho aleijado a atravessar a rua com uma valise.
   JUSTIFICAÇÃO:
   O tráfego estava engarrafado.
   • Por que o motorista de táxi manteve a porta aberta?
   JUSTIFICAÇÃO:
   Para ajudar a mãe a colocar os filhos no táxi.

A imaginação deve dar-lhe imagens para que você reaja.

EXEMPLO:
   • Por que você está colocando os panfletos nas cadeiras?
   JUSTIFICAÇÃO:
   Porque a conferência está começando.

TÉCNICA DA REPRESENTAÇÃO TEATRAL

• Por que você está trancando a porta?
JUSTIFICAÇÃO:
Para testar o sistema de alarme.

Todas terão circunstâncias.

• Na rua, tarde da noite: Você entra correndo na loja para chamar a polícia.
JUSTIFICAÇÃO:
Você foi roubado.

• No corredor: Você toca todas as campainhas.
JUSTIFICAÇÃO:
Havia um alarme de incêndio.

"Saiam. Saiam. A casa está em chamas!" Você tocou as campainhas para trazer as pessoas para fora — você fisicalizou a justificação antes de dar a fala.

• No consultório médico: Você apaga as luzes.
JUSTIFICAÇÃO:
Está estudando os raios X.

A menos que a justificação o desperte para a situação, ela será fraca. Continue tentando encontrar outras justificações que o estimulem.

EXERCÍCIO 37

Dê dez razões para:
1. O homem estar cruzando a rua (quando você estava olhando pela janela).
2. Você fechar as cortinas (em diferentes circunstâncias).
3. Você estar ajudando Maria (em diferentes circunstâncias).

JUSTIFICAÇÃO INTERNA

A justificação interna é a contribuição que o ator dá às palavras do dramaturgo. O autor lhe dá as falas. Não dá a justificação atrás delas. É assim que o ator contribui.

EXEMPLO:
- CIRCUNSTÂNCIAS: Corredor de hospital
MÉDICO: "Você lhe deu o remédio?"
ENFERMEIRA: "Não."
JUSTIFICAÇÃO INTERNA: O paciente parou de respirar.
- CIRCUNSTÂNCIAS: Um restaurante
ELE: "Não gostaria de um pouco de açúcar?"
ELA: "Não, obrigada."
JUSTIFICAÇÃO INTERNA: Tenho diabetes.

A justificação interna encontra-se por trás das palavras.

EXEMPLO:
- CIRCUNSTÂNCIAS: Em casa
Ela ajuda o homem a vestir o casaco.
JUSTIFICAÇÃO INTERNA: Ele é seu marido.

Ele ajuda a jovem com o casaco dela.
JUSTIFICAÇÃO INTERNA: Ela é uma convidada.

Isto lhe dá a justificação e a atitude com relação ao seu parceiro. Não há texto.

EXEMPLO:
ELE: "Você se acha muito moderna?"
ELA: "Não, de modo algum."
JUSTIFICAÇÃO INTERNA: "Sou tradicional."
Ela é tradicional e influenciada por um outro período.

TÉCNICA DA REPRESENTAÇÃO TEATRAL

EXEMPLO:

- • CIRCUNSTÂNCIAS: No tribunal
  ELE: "Você concordou com o veredicto?"
  ELA: "Não."
  JUSTIFICAÇÃO INTERNA: "Ele foi além da obrigação do cargo."
- • CIRCUNSTÂNCIAS: Restaurante
  ELE: "Gostaria de outro drinque?"
  ELA: "Não."
  JUSTIFICAÇÃO INTERNA: Ele sempre força a moça a beber mais e mais.

RESPONDENDO CONCRETAMENTE

Responder concretamente vai torná-lo um ator maçante. Você não pode fazer uma contribuição às palavras com o simples relato de fatos, sem lhes adicionar nada. A justificação transforma os fatos em experiências.

EXEMPLO:

ELE: "Você teria um cigarro?"
Responda com uma forte justificação:
ELA: "Não, certamente que não!"
JUSTIFICAÇÃO INTERNA: Ela acredita que o fumo vai envenenar a atmosfera e matar as crianças.

EXERCÍCIO 38

Crie três pequenas histórias imaginárias, de dois ou três minutos de duração, sobre algo que você viu acontecer. Essas histórias devem contar seqüências, ter desenvolvimento, idéias épicas e devem ser bem delineadas e justificadas. Construa a justificação ao precisar dela.

CAPÍTULO VII Trabalhando no palco

ADEREÇOS

Um ator deve usar sua imaginação quando trabalha com adereços. Muitas vezes terá que representar com um mínimo de acessórios. É uma contrariedade para o ator não ter um adereço com o qual trabalhar, mas às vezes isso pode se transformar numa vantagem. É preciso saber como é a vida de um adereço, antes de usá-lo. Uma pistola tem sua vida própria. Você deve aprender a prática de como usá-la de acordo com as situações que lidam com pistolas. O mesmo acontece com espadas. Você deve aprender a técnica da esgrima porque ela tem uma tradição. O objeto é verdadeiro e não mente. É o ator quem mente.

Algumas vezes o ator tem que usar uma pistola. Certa vez Luther Adler teve que sacar uma pistola e atirar num homem. Porém, a arma não estava na mesa. Luther disparou com uma pistola imaginária, e o homem caiu morto. A platéia ficou convencida de que a pistola havia sido detonada por causa da perfeição com que o ator usara o objeto imaginário.

Em Moscou, numa representação do teatro de Meyerhold, havia um palco descoberto com uma prancha onde um homem podia ficar de pé numa escada de mão. O ator não tinha vara, nem linha, nem anzol, mas, quando levantou seu braço, podia-se ver a vara e o puxão da linha como se o peixe tivesse fisgado o anzol. Ela estava pescando. Chegara perto do gênio. Esta é uma perfeita ilustração do princípio de se usar um adereço imaginário e criar as circunstâncias.

Como atores, vocês devem estar familiarizados com adereços. No uso de acessórios, tente ser específico e claro. Se o adereço for um jornal, justifique-o procurando por alguma seção específica que queira ler. Você não deve tomar muito tempo fazendo isso. Em vez disso, atribua antecipadamente uma meta a si mesmo.

Passe os olhos pelo jornal procurando uma seção específica, virando as páginas para a frente e para trás até achá-la. Você sabe de antemão onde e quando vai encontrá-la.

Você não deve usar um adereço, a menos que lhe dê valor e que tenha simpatia por ele. Deve trabalhar com o adereço até saber que pode usá-lo.

ACELERANDO A AÇÃO

Na vida, nós podemos ser chatos. Em cena, no entanto, você não pode se permitir isso, sequer por um instante. Há uma diferença entre o tempo real e o tempo do palco. Na vida, uma ação vale exatamente a quantidade de tempo que se leva para executá-la. Em cena, trinta anos de vida podem ser comprimidos em duas horas e meia.

O que você faz no palco necessita de uma certa economia. Isto se chama "acelerar a ação", e essa é a técnica que faz o tempo real caber no tempo de cena.

"Acelerar a ação" requer um pré-planejamento.

EXEMPLO:
Se eu preciso fumar um cigarro,
- O maço já deve estar aberto.
- Um ou dois cigarros devem estar postos para fora.

Não podem me largar em cena procurando desajeitadamente por um cigarro.

EXEMPLO:
Se preciso me maquiar,

TRABALHANDO NO PALCO

- Ponho batom.
- Coloco uma sombra.

A ação é verdadeira, mas tem o elemento da verdade do palco. Ela é "acelerada".

EXEMPLO:
Se escrevo uma carta,
- Coloco uma data na carta.
- Assino-a.

EXERCÍCIO 39

Faça as seguintes atividades. Tome conhecimento da quantidade de tempo que cada uma necessita para captar a atenção da platéia.
1. Terminar uma carta.
2. Pôr a mesa.
3. Vestir-se.
4. Fazer sua cama.

Acelere essas ações.

PERSONALIZAÇÃO

Ponha sua própria verdade em cada adereço que usa, o que fará dele original.
- Ao ler uma revista, arranque uma página.
- Ao contar seu dinheiro, guarde o troco no bolso.
- Ao examinar suas cartas, procure alguma específica e então jogue-a fora.

Personalize os adereços que você usa, dotando-os de alguma qualidade que seja sua.

TÉCNICA DA REPRESENTAÇÃO TEATRAL

EXEMPLO:
- Personalize a rosa que você está disposta a prender com alfinete no seu vestido, aspergindo-lhe gotas d'água e tirando um espinho do talo.
- Quando você guardar a suéter na gaveta, personalize-a notando uma linha solta e arrumando-a.
- Quando for apanhar o copo para beber água, perceba o batom na beira e remova-o, esfregando um pano.

EXEMPLO:
Aqui estão cinco atores e sua ação será: *tomar uma bebida.*
ATOR 1. Toma uísque com gelo.
ATOR 2. Toma gim-tônica.
ATOR 3. Toma uísque puro.
ATRIZ 4. Toma um copo de vinho branco.
ATRIZ 5. Toma uísque com água.

Essa técnica fará você perceber que as garrafas e adereços dados devem ser personalizados através de sua imaginação. Todas as garrafas devem conter água. Você transformará a bebida no que quiser ao personalizar o adereço.

A regra absoluta é personalizar todos os adereços. Aqui estão mais exemplos:

EXEMPLO: *Cinco atores estão pegando um cigarro.*
ATOR 1. Abre e fuma de um novo maço de Kent.
ATOR 2. Tira um cigarro de um maço amarrotado de Pall Mall.
ATOR 3. Pega uma guimba de cigarro.
ATOR 4. Fumar um cigarro numa piteira.
ATOR 5. Tira o cigarro da cigarreira.

Cada ator deve escolher uma maneira na qual personalizar o objeto de cena. Você deve usar sua imaginação ou não terá função no palco. É falso usar meramente o adereço do diretor de cena. Cada acessório e o modo como é usado devem pertencer ao ator. Então personalize todos os adereços que lhe são dados para usar no palco.

EXERCÍCIO 40

As personalizações que se acrescentam às ações "tomar uma bebida" e "fumar um cigarro" podem ser:
1. A garrafa de uísque estar três quartos vazia.
2. O copo estar empoeirado.
3. Adicionar limão à bebida.
4. Fumar de um dos três maços na mesa.

Ache mais três ou quatro personalizações.

EXERCÍCIO 41

Faça o seguinte:
1. Quando for pentear seus cabelos, não passe simplesmente o pente, mas faça tranças ou coloque grampos.
2. Quando for vestir uma suéter, desembarace a manga.
3. Quando for pintar a cadeira, limpe o assento com um pano.

Adereços do Diretor de Cena	Personalização do Ator
a. O batom	Cor errada
b. O espelho	Sujo
c. A carta	De onde veio?
d. O castiçal	A vela está derramando
e. Sal e pimenta	Precisa recarregar
f. Livro	Aberto sobre a mesa
g. Cinzeiro	Lascado
h. A correspondência	Misturada
i. Carteira de dinheiro	Rasgada no canto

Acrescentar detalhes todo o tempo é a sua personalização do objeto. A maneira na qual um ator personaliza seus adereços pode se tornar um desempenho memorável. Lembro-me de uma atriz que, quando assinava seu nome na prisão, derramou um pouco de tinta e

TÉCNICA DA REPRESENTAÇÃO TEATRAL

secou com a mão, ou a atriz que, quando mendigava por dinheiro, virou-se e estendeu sua mão trêmula. O talento de um ator está evidente em como ele escolhe, manipula e personaliza cada adereço.

Pratique constantemente com adereços e roupas que não lhe são familiares. Não permita que os adereços o apavorem. Torne-os seus.

A verdade no palco não é realmente a verdade da vida. Uma será sempre mais ou menos que a outra. Em cena você nunca executa exatamente o que faz na vida. Ao vestir uma pelerine, é incorreto procurar pelo botão. Se você estiver abotoando sua pelerine, não haverá atuação. Esse minúsculo detalhe acarreta indiscutível perda de grandeza à pelerine. Abotoar é um erro, pois não há botões em pelerine.

Constantin Stanislavski

Quando você usa adereços como:
- Uma bengala
- Um *lorgnon*
- Um leque
- Uma cartola
- Óculos
- Roupas de vestir,

eles devem ser usados verdadeiramente e personalizados a partir do ponto de vista do personagem.

Tudo que você faz e veste tem um certo sentido e outros significados podem ser acrescentados. O que mais um homem com cartola ou um homem com a pelerine usaria? Poderia usar uma bengala. Tente segurar a bengala como ele faria. Não tenha medo de dominá-la. Faça-a girar e caminhe. Agite seu braço inteiro. Não tenha medo dela e não fique tenso.

Ajuste-se ao adereço. Deixe um par de óculos dar-lhe o personagem. Nunca represente o personagem. Um caminho para a caracterização é fazer coisas. O acessório ajuda você a fazer sua ação e pode dar-lhe a chave para o seu personagem. O chapéu, os óculos, o que quer que você vista ou adote afeta o interior, o íntimo, a alma do ator.

TRABALHANDO NO PALCO

Se todos esses adereços forem usados convencionalmente, não terão impacto no seu personagem. Continue trabalhando especificamente em cada coisa até o hábito tornar-se seu. O que quer que você tenha executado deve tornar-se sua segunda natureza.

Tudo deve ser dominado: um sotaque ou regionalismo, um defeito na fala ou um andar específico, todos precisam de prática. Assim, cada adereço terá sua natureza e cultura próprias. Não traga a si mesmo e a sua cultura para o palco ao usar os adereços. Continue trabalhando neles.

EXEMPLO:
O ator que veste uma cartola vem de uma classe específica, ele tem:
- O discurso controlado
- O andar controlado
- A mente controlada

Na sociedade daquele chapéu, o ser humano e as roupas estavam sob controle. É a partir dos adereços, do traje e da fala que seu personagem começa a se desenvolver. Obedeça aos adereços e às circunstâncias.

ACIDENTES PLANEJADOS

No teatro profissional, você não tem o direito de fazer qualquer coisa em cena que não esteja sob seu controle. Acidentes não-planejados não podem ser permitidos. Um acidente tem que ser preparado de antemão e praticado várias vezes para garantir que a cada vez ele acontecerá da mesma maneira.
- Tire as luvas do bolso de seu casaco e deixe um cartão cair.
- Uma caneta está colocada no meu livro aberto: quando ergo o livro, a caneta cai no chão e eu me abaixo para pegá-la
- Tiro um lenço do meu casaco e cai algum dinheiro.

Pratique cada acidente muitas vezes, depois de tê-lo preparado e antes de executá-lo no palco, para estar certo de que ele funcionará consistente e exatamente da mesma maneira todas as vezes.

A partir dos adereços você pode determinar a classe de um personagem e a época em que vive. Os adereços e os vestuários criam em você uma influência que tornará o personagem mais forte.

VESTUÁRIO

O que você veste, assim como o que você faz, indica a que período e a que classe social pertence. O vestuário ajuda-o a encaixar-se na sua classe. Existe, por exemplo, uma diferença de classe entre um xale e um regalo, o xale identificando a mulher operária que não se preocupa consigo mesma e com sua aparência, o regalo significando a elegância de uma dama da classe alta.

Em épocas passadas, o vestuário era de máxima importância, visto que distanciava uma classe da outra. Dava-lhe uma noção de quem você era.

A ação e o vestuário seguem juntos. Para que os atores entendam isso, eu os fiz ir para o chão e desencavar batatas — para que se deitassem na terra, se arranhassem, abrissem as pernas, rolassem sem vergonha alguma. A classe operária é uma classe tocante, física, próxima da terra e sem romantismo. Fiz com que os atores praticassem uma dança camponesa, chocando-se uns com os outros, e cantassem. Então perguntei-lhes se agora se sentiam mais próximos de suas roupas e eles disseram que sim.

Você encontrará a classe operária nos trabalhos de Charles Dickens e dos dramaturgos irlandeses. Essa classe também aparecerá em peças escritas depois dos anos 30. O vestuário revela imediatamente a classe e dá ao ator uma inspiração imediata e uma relação inconsciente com o personagem.

Para ilustrar a classe aristocrática, pedi aos atores que pesquisassem livros de pinturas de aristocratas dos séculos XV e XVI. Quadros com a indumentária de aristocratas são de extremo valor para o ator.

Pode-se também obter idéias sobre maquiagem — a roupa do rosto — a partir dessas pinturas.

Cada ator que traz seus hábitos corporais pessoais para o palco deve evitá-los sem dúvida, porque o personagem não precisa deles. O vestuário é de fato o único meio que pode ajudar o ator a criar uma individualidade do personagem.

CAPÍTULO VIII Personagem

O primeiro e mais importante método de abordagem para o ator é ler a peça e descobrir o que o dramaturgo quer dizer ao mundo. O ator deve descobrir as idéias importantes que o autor revela através de seus personagens. O dramaturgo quer divulgar e expressar sua opinião sobre a sociedade. Embora uma peça possa ocorrer em local particular, está disposta a alcançar o mundo através de suas idéias. Esta é a meta de Shakespeare, Ibsen, Shaw e Strindberg, entre outros.

Vamos discutir agora alguns dos problemas surgidos ao se atuar numa peça.

Atuar se baseia, em grande parte, nas diferenças entre os personagens. Um desenhista italiano, um camponês russo, um diplomata chinês, todos se comportam de maneiras específicas. Eles se dominam diferentemente, andam, falam, pensam, fumam cigarros e riem de forma diferente. Seus conhecimentos, educação, tipo físico, moral e posição social são inteiramente distintos.

Os atores não devem apenas criar essas características nacionais e ocupacionais mas devem também mostrar as diferenças entre os personagens. Atuar é agrupar comportamentos humanos de maneiras originais e interessantes. Mesmo um personagem arquetípico como Hamlet pode ser retratado segundo várias interpretações diferentes.

A preparação de seu personagem começa naturalmente com o texto do dramaturgo.

As circunstâncias que o autor lhe dá farão você ciente de elementos importantes, tais como:

- Situação social
- Classe

  Classe operária

TÉCNICA DA REPRESENTAÇÃO TEATRAL

Classe alta
Classe média
Aristocracia
- Profissão do personagem
- Passado do personagem
- Elementos do personagem
- Atitude do personagem em relação ao seu parceiro

Eles permitem que você amplie as dimensões do personagem — você não pode representar Hamlet sem entender o que é ser um príncipe — e reaja às circunstâncias que o envolvem.

SITUAÇÃO SOCIAL

A situação social inclui:
- Religião
- Educação
- Vida familiar
- Ética
- Moral
- Dinheiro
- Sexo
- Situação política

Cada dramaturgo — Eugene O'Neill, Arthur Miller, William Inge, Anton Tchekhov — escreve em seu próprio tempo. Se um dramaturgo dos anos 70 quer escrever sobre os anos 50 ou 40, terá que pesquisar o período. O ator tem o mesmo problema.

Em seu próprio tempo, você deverá saber certas coisas sobre o passado se pretende voltar na história. Quando você trabalha num papel, é importante cogitar como um personagem vive em sua situação social. Não se deve tentar atuar numa peça como *Waiting for Lefty*, sem fazer um estudo profundo dos anos 30. Um ator deveria ler a literatura da época para tornar-se informado sobre a posição do operariado e dos sindicatos. Da mesma forma teríamos que estudar os

PERSONAGEM

anos 60 e 70 para entender a mudança da condição social dos negros na sociedade americana. Ao ensaiar qualquer peça de Shaw, não se pode deixar de perceber o forte interesse que todos os seus personagens têm em quem conduz o governo, quem controla a Igreja, onde se situa o poder.

Não se pode representar *Um bonde chamado desejo*, ou *The House of Connolly*, uma peça de Paul Green, de 1931, sobre a decadência da aristocracia, sem conhecer a posição cultural e social do Sul da história americana; sem saber, por exemplo, que na vida familiar sulista existe o medo da miscigenação.

CLASSE

É importante para o ator saber a diferença entre a sua própria classe e a classe de seu personagem, como ele a vê.

A Aristocracia

O homem aristocrático herda um físico forte e revela exuberante saúde. Essa saúde envolve guerra, aventura e tudo que compreende ações fortes, livres e joviais. Esses aristocratas eram felizes, favorecidos por Deus. Bondade, força e nobreza eram as virtudes aristocráticas. A idéia básica do aristocrata bem-nascido é viver uma vida boa, feliz e bonita. A nobreza descrevia as classes mais baixas com pena e indulgência. Era esse o legado dos velhos valores aristocráticos que as classes mais baixas tinham que aceitar. O aristocrata vive em confiança e sinceridade. Em face do inimigo ou de perigo, o espírito aristocrático revela entusiasmo, gratidão ou vingança. O nivelamento por baixo do homem europeu é nosso maior perigo. Isso é o que nos deprime. Hoje nós não vemos nada que queira se tornar maior e suspeitamos que tudo seguirá decadente para sempre, tornando-se mais fraco, mais cômodo, mais indiferente, mais qualquer coisa. É essa, precisamente, a crise. Com o medo do Homem nós perdemos também o amor pelo Homem, o respeito por ele ou a esperança nele. A conclusão nos consome: estamos cansados do Homem.

A Classe Média Alta

A classe média alta é uma classe que tem grande fartura e dinheiro, mas que foi ganho, não herdado. O que esta classe herdou da aristocracia foi a riqueza de ser educada, o entendimento dos valores de arquitetura, literatura, filosofia, história, música e arte. Quando você vê um homem da classe média alta, percebe que ele tem um certo estilo. Esse estilo lhe permite falar a um rei ou uma rainha, embora ele não tenha herdado essa tendência. É um homem com distinção, elegância e grandeza. Já salvou a América ao emprestar uma centena de milhões de dólares aos bancos. Como um protótipo, a classe média alta é astuta, inteligente e poderosa. Dinheiro e poder seguem juntos; dinheiro, poder e intelecto às vezes seguem juntos. O artista e a rica classe média entenderam que podiam perdurar na história ao criar símbolos de si mesmos. Símbolos permanentes, como J. P. Morgan, quando criou o Museu Frick, e Guggenheim, o Museu Guggenheim, e Rockefeller, o Instituto Rockefeller. O homem cria o símbolo ao criar a cultura do país.

Esta classe poderia ser chamada de aristocracia intelectual.

A Classe Média

Partiremos agora dessa classe refinada para a verdadeira classe média, sem a mente aristocrática. Estamos deixando a classe de profunda elegância de espírito e indo em direção à praticidade e à ambição da classe média. O pensamento e o comportamento da classe média foram contagiados por uma ênfase no dinheiro, não na cultura. Shaw dizia: "A aristocracia foi materializada, a classe média foi vulgarizada, a classe baixa foi brutalizada." Assim obtemos uma classe de pessoas que pensam convencionalmente. A vulgaridade do pensamen-

PERSONAGEM

to convencional insinuou-se em cada pessoa, que passou a crer que o que pensava é a verdade. Assim nós temos uma classe de pessoas que são práticas e ambiciosas. Pessoas que acreditam no que alguém lhes disse. A classe média surgiu da industrialização, quando muitas pessoas procuravam produzir coisas que fizessem dinheiro. O mundo técnico chegara. O mundo fora arrebatado pela capacidade de produzir e uma nova classe de pessoas era estimulada a unir-se a esse movimento.

O homem da classe média não é nem sincero nem honesto nem leal — ele tem que possuir dinheiro. Seu espírito ama ocultar situações; tudo que é encoberto o impressiona, visto que o seu mundo é segurança e conforto. Ele conhece a auto-reprovação e a auto-humilhação. Uma raça de homens assim no fim estará, por necessidade, mais hábil que a raça aristocrática. A astúcia, num grau muito maior, é a condição vital de sua sobrevivência. Essa classe específica tinha que ser um sucesso. Tinha que haver alguma forma de valorização do sucesso nela. Esse objetivo reduziu tudo. O interesse no crescimento individual e os valores herdados de arte decaíram. A era do industrialismo e do capitalismo arrebatou as mentes, corações e almas das pessoas, mas, para alcançá-la, elas renunciaram ao outro lado de si mesmas. O clima do país inteiro foi afetado pelo ponto de vista capitalista. O capitalismo foi uma grande força e ajudou vagarosamente a reduzir o respeito das pessoas por si mesmas, pela educação, pela arte e pela língua, e seu respeito umas pelas outras. Agora estamos sem qualquer tradição. De tudo isso advém a qualidade em ruínas do homem.

A Classe Trabalhadora

A classe trabalhadora na América passou por muitas fases, e quem a conhece não pode compreendê-la.

Não há meio de falar sobre a classe operária contemporânea. Na América ela já não existe em sua forma mais pura. Assim teremos que voltar na história em busca do espírito da classe operária antes do sindicalismo transformá-la numa profissão.

A classe operária descende da classe camponesa européia, trabalhadores de pequenas fazendas do interior, antes que tivéssemos cidades modernas e edifícios altos. Formavam uma classe que se voltava principalmente para a terra. Assim o emprego era a terra e a terra tornou-se cidade. As necessidades dos trabalhadores eram simples: construíam cabanas rústicas de madeira com as próprias mãos, plantavam e comiam da terra. Homens e mulheres não envelheciam como agora, o trabalho os conservava. Não tinham artrite. Trabalhavam, cantavam, dançavam, bebiam e divertiam-se juntos.

Essa classe é estabelecida sobre o princípio básico de trabalhar na terra. É impossível pensar nessa histórica comunidade operária sem pensar em seus jogos e música. As pessoas da classe operária sempre tocavam um instrumento, a harmônica ou a guitarra, e com o passar do tempo adaptaram-se a outros instrumentos, outros jogos. O operário vem de uma comunidade da terra e do trabalho. O operário tinha um senso de si mesmo, um sentido de força. Ele se respeitava e dizia: "Vou trabalhar até morrer!" Era um homem, nada subjugado, nada curvado, nada arruinado. Movia-se muito livremente, muito decididamente. Não era um palerma ou um vadio. Vivia na sua terra, em sua casa de madeira com uma cerca em volta. Vivia do modo que um homem podia viver, da melhor forma em suas circunstâncias. Se possuísse maquinaria pesada ou um arado de madeira para se aperfeiçoar, poderia lidar com ele. Faria seu ofício. Um trabalho de homem honesto. Não se pode chamar o operário na América de hoje de homem da classe operária. Era uma tradição que passava de pai para filho. Agora é diferente.

Distinções de classe eram absolutamente descompromissadas em outros períodos. Em nosso próprio tempo não há aspirações sociais. Nós democratizamos todas as classes.

PERSONAGEM

REPRESENTANDO UMA PROFISSÃO

Para começar a se acostumar à extraordinária variedade de papéis que um ator pode ser chamado a desempenhar, variando desde um tirano no trono até um modestíssimo comerciante, é necessário praticar representando profissões de todas as espécies:

Alfaiate	Florista	Médico
Dentista	Padeiro	Policial
Caixa de banco	Arqueólogo	Cabeleireiro
Enfermeira	Prostituta	Freira

A lista é potencialmente sem fim. Ao estudar um personagem, uma das primeiras perguntas a serem feitas é: qual é a sua profissão?

Isto deve ser estabelecido antes que uma ação possa ser representada.

Para o ator, o estudo das profissões tem um número de benefícios secundários. Você deve sair pelo mundo para estudar o personagem e as características do profissional.

EXERCÍCIO 42

Comecemos com o cabeleireiro, tomado como um exemplo em nosso próprio tempo:

1. Quais são as ações que ele executa?
2. Qual é o seu vestuário?
3. Quais são os adereços que condizem com a função?

Leve a profissão para a sua casa e realize-a tanto quanto possível. Pratique as ações do personagem que você observou. Use os adereços necessários. A profissão deve causar alguma mudança na sua personalidade.

Continue trabalhando fisicamente com seus acessórios. Execute algumas atividades onde tenha que usar os adereços, tais como:

TÉCNICA DA REPRESENTAÇÃO TEATRAL

1. Limpar escovas de cabelo.
2. Preparar uma tinta.
3. Ajustar os onduladores.

Agora acrescente mais três profissões:
1. Um alfaiate
2. Um florista
3. Um enfermeiro

A roupa é de máxima necessidade para revelar a profissão de um personagem. Você deve sempre utilizar o vestuário que indique a profissão. Escolha que sapatos e meias você calçará e até mesmo a roupa de baixo. Isto tornará claro que classe você está representando, assim como lhe dará confiança.

ANTECEDENTES DO PERSONAGEM

Os antecedentes são criados a partir de cinco perguntas:

"Quem" é você?	Sou um ator.
"O que" é sua ação?	Atuar.
"Quando" está atuando?	No inverno de 1987.
"Onde" está ocorrendo?	Num teatro da Broadway.
"Por que" você está lá?	Eu tenho uma entrevista.

Quando essas perguntas são respondidas, o antecedente se encaixa. Sem antecedente não há personagem. Vou dar-lhe o antecedente dos narcisos. Considere a história ou antecedente dos narcisos.

O antecedente dos narcisos:

Os narcisos são agora seus personagens.

- Nascidos numa sementeira na Holanda, foram transplantados para crescerem em solo especial.
- Foram enviados para o mercado de flores em Amsterdam.

- Foram comprados no leilão de flores.
- Partiram num avião como carga aérea.
- Do Aeroporto Kennedy, foram enviados para o florista do bairro.

Nós agora sabemos o antecedente dos narcisos.

Você deve saber detalhadamente o antecedente do personagem que representa. O antecedente deve conduzi-lo para seu personagem. Antes que você possa viver convincentemente o presente no palco, deve ter um passado completamente compreendido. Você deve imaginar com detalhes a vida anterior, história familiar, educação, experiência profissional e relações pessoais do personagem que está representando. A primeira coisa que um ator deve fazer quando prepara um personagem é dar-lhe essa espécie de antecedente ou história.

EXEMPLO: *O passado do personagem que é um gerente de loja.*

A ação de um ator era gerenciar uma loja. O personagem era de classe média. Vestia-se formalmente porque a loja tinha alicerces na tradição do Velho Mundo.

- Ele era muito eficiente, pois fora educado na Europa.
- Conhecia o valor de cada artigo.
- Era um homem sério, o que significa, em termos teatrais, que ele podia dissertar sobre as antigüidades da sua loja. Para que não se confunda "sério" com "sisudo", o ator deve encontrar uma ação que apresente seu personagem como muito sério.
- Ele ia para casa e discutia vários pormenores com seu pai, que também era um comerciante de antigüidades.

Isto lhe dá algumas das circunstâncias que irão ajudá-lo a criar a profissão de gerente de loja. A partir disso, você pode escrever páginas sobre o passado desse personagem.

Antecedente Adicional para o Gerente de Loja:

Sua família vivia entre coisas do Velho Mundo.

Seu pai, ao perceber que o rapaz, ainda criança, interessava-se por antigüidades, compreendeu que deveria instruí-lo em línguas.

Ao chegar em casa, vindo da escola, sempre aguardava ansiosamente jogar com seu pai com as novas palavras que aprendera. Seu pai queria que ele formasse sentenças com todas aquelas palavras.

Era muito malicioso. Gostava de provocar seu pai, dizendo-lhe que queria ser um vaqueiro quando crescesse.

Todo dia, queria ler em voz alta com seu pai antes do jantar. O jantar era sempre muito formal. Tinha que trocar de roupa para sentar-se à mesa. Ele e sua mãe conversavam durante o jantar. Sua mãe era muito interessada em tudo o que ele realizava, de modo que lhe contavam, na hora do jantar, o que ele havia aprendido naquele dia. Ela ficava tão orgulhosa dele que lhe dava presentes — chocolate extra ou uma nova coleção de lápis. Ficava deleitada quando ele, já crescido, explicava-lhe os diferentes estilos de cristal e ensinava-lhe a diferença entre os tipos de prata. Ela começou a se tornar uma pessoa versada no assunto. Tanto o rapaz quanto o pai divertiam-se vendo isto lhe acontecer. Ele tinha orgulho de sua mãe. Ela falava a um comprador sobre o valor do cristal, e quando fazia uma grande venda — porque o cristal era muito antigo e muito especial — eles iam a um simpático restaurante para jantar.

Quando ele tinha 18 anos, provou vinho pela primeira vez. Decidiram então que em casa deveria haver vinho à mesa quando jantassem.

Tornou-se meticuloso sobre o que conhecia. Lia e geralmente fazia pesquisa — tanto na escola como em casa. Compreendeu que seria de fato capaz de trabalhar melhor se fosse tomado por gerente de vendas europeu.

Suas roupas eram em estilo inglês. Ele se preocupava em como suas camisas eram passadas e seus sapatos polidos.

Era cordial e de boa índole. Quando os fregueses não tinham idéia do que desejavam comprar, ele os ajudava a tomar suas decisões.

Nós o encontramos aos 21 anos, quando outros gerentes de loja podem pedir-lhe auxílio pelo vasto conhecimento que possui sobre cristal e prata.

PERSONAGEM

EXERCÍCIO 43

1. Desenhe as circunstâncias da loja num pedaço de papel para saber como planejar o espaço da atuação. Coloque o espaço em sua mente e utilize-o quando ensaiar em sua própria sala.
2. Passeie nas circunstâncias da loja, que contém:
   a. Estantes com objetos
   b. Uma mesa com antigüidades
   c. Uma outra mesa para escrever pedidos
   d. Duas cadeiras

Estude o estilo existencial da profissão. Observe as ações do gerente de loja fora das circunstâncias do seu ofício. Por exemplo:
- Em casa
- Entre amigos íntimos
- Socialmente

Ele é bonachão, descuidado ou organizado? Esses são elementos do personagem. Esse personagem particular é alegre, organizado, bem-humorado, eficiente.

ELEMENTOS DO PERSONAGEM

- Despreocupado
- Expansivo
- Responsável
- Aventureiro
- Fidedigno
- Introspectivo

- Ambicioso
- Empreendedor
- Consciencioso
- Erudito
- Prático

Você encontra o elemento do personagem no mundo. Você o observa e então pode tomar esse elemento e colocá-lo nas circunstâncias

115

TÉCNICA DA REPRESENTAÇÃO TEATRAL

que lhe foram verdadeiras. Portanto, você pode recorrer ao mundo em busca do conhecimento profundo dos elementos do personagem.

Ao tirar da realidade os elementos do personagem, você poderá desenvolver qualidades em sua atuação das quais ordinariamente não necessitava.

Maneiras de encontrar elementos do personagem:

1. Dirija-se ao mundo e observe:
   a. Animais
   b. Objetos
   c. Pessoas
2. Apele para sua imaginação.
3. Como você fisicalizaria os elementos do personagem que observou?

EXEMPLO: *Despreocupado*

Vamos começar como se o personagem fosse um pássaro.

• Ele pousa em qualquer lugar
1. Ramo de uma árvore alta
2. Chaminé
3. Poste de iluminação
4. Arbusto
5. Rocha

O pássaro está vivendo em suas circunstâncias.

O elemento do personagem é despreocupado.

O elemento do personagem pode agora ser usado pelo ator como vemos a seguir.

EXEMPLO: *Um garoto despreocupado*

• Ele salta numa bicicleta.
• Escorrega pelo corrimão.
• Pendura-se num poste de luz.
• Pula sobre o hidrante.

PERSONAGEM

Agora você tem o personagem. Ele não pensa duas vezes para usar suas circunstâncias e o seu elemento é ser "despreocupado". Coloque-o em diferentes circunstâncias. O que ele faria?
- Ele faz algo repentina e inesperadamente.
- Pula na piscina despido.
- Vai com roupas esporte para uma festa formal.
- Entra na cozinha quando é convidado para uma festa.
- Salta para dentro de um ônibus.
- Abraça os amigos com entusiasmo.

Ele é animado, vivaz, em constante movimento. Os despreocupados também têm:
- Falta de lógica
- Nenhuma responsabilidade pelo mundo exterior
- Liberdade de vida
- Ritmo desnorteado

Se você é escalado para um papel no qual *fidedignidade* é a principal característica:
- Observe fidedignidade na vida.
- Imagine uma situação onde as circunstâncias exijam sua fidedignidade.
- Pergunte-se em que situação você seria absolutamente fidedigno.

Tendo encontrado esse elemento do personagem, o que você faz nas circunstâncias em que o encontrou a fim de não ser abstrato? Qual atividade física você realiza para mostrar fidedignidade?

EXEMPLO: *Meticuloso*
- O médico, num exame, foi meticuloso.
- Quando lavou as mãos, foi meticuloso.
- Quando escreveu a receita, foi meticuloso.

Posso agora usar esse elemento do personagem ao representar um papel.

TÉCNICA DA REPRESENTAÇÃO TEATRAL

- Meu personagem é meticuloso quando serve a comida.
- É meticulosamente asseado quando arruma suas roupas.
- Ele é meticuloso quando me dá os recados do telefone.

Eu mesma sou extremamente descuidada com tudo, mas posso dizer que sou meticulosamente cuidadosa na minha vida no palco. Nada está onde não devesse estar. Por esse motivo, ao representar um papel, posso mostrar o profundo conhecimento do elemento de um personagem meticuloso. Ao expandir certos elementos pessoais, você pode desenvolver qualidades para as quais ordinariamente não apelava. Você será chamado a representar:

- Um assassino
- Um ladrão
- Um mentiroso
- Um gênio
- Um deus

e outros personagens. Comece imediatamente por espionar em todos os lugares em busca dos elementos do personagem. Provavelmente não estarão sempre contidos em sua experiência.

ATITUDE EM RELAÇÃO AO SEU PARCEIRO

Em cena, você deve sempre ter uma razão para falar. A razão deve vir:

- Das circunstâncias
- Do seu parceiro
- Do texto da peça

Tudo vem das circunstâncias justificadas.

Cada ator, como na vida, cria uma atitude em relação às pessoas ou coisas que o cercam.

PERSONAGEM

Em relação a:
- O sorvete
- A Bíblia
- Latas de lixo
- Deus
- O gerente de seu banco
- Sua mãe
- O ato de fumar cigarros
- Comida picante

Nós todos temos atitudes com respeito à vida:
- Freiras com respeito a bêbedos
- Homem com respeito ao seu cachorro
- Cachorro com respeito a um estranho
- Moças com respeito a um presente

A lista continua indefinidamente.

A partir do ponto de vista do seu personagem, você obterá uma atitude com respeito ao seu parceiro.

Tão logo conheça seu personagem, ele lhe dará atitudes, não a sua atitude pessoal, mas a atitude dele.

Essa é a maneira de obter uma atitude com respeito ao seu parceiro. Você deve saber as ações do seu companheiro. Se você está sozinho ou com uma ou mais pessoas em cena, a situação em que se encontra precisa de justificação e antecedente. Você deve estabelecer satisfatoriamente uma relação com seu parceiro para ter uma clara idéia de quem ele é. Isto o ajudará em seu personagem.

Em todos os casos, o parceiro é necessário para dar-lhe a sua ação, e você terá que conhecer a atitude dele com respeito a tudo. O diálogo não deve acontecer automaticamente, mas quando você compreender e reagir à atuação de seu parceiro. Você deve conhecer o papel do seu parceiro tão bem quanto o seu.

Sua ação e a do seu companheiro devem ser suficientemente vivas

TÉCNICA DA REPRESENTAÇÃO TEATRAL

para que você se possa soltar. O parceiro não precisa ser sempre um outro ator; pode ser um objeto ou um lugar.

O próprio lugar pode estimular a ação.

Pode-se ter uma atitude com respeito a:

- Uma sala
  a. Na sala onde você escreve uma carta.
  b. Olha pela janela.
  c. Lê uma revista.
- Uma floresta
  a. Numa floresta você recolhe um galho.
  b. Arma sua espingarda.
  c. Usa sua câmera.

O que quer que o instigue é um parceiro.

EXERCÍCIO 44

Você desenvolve uma atitude com respeito às pessoas pelo que elas parecem e fazem.

Recorde as atitudes que tenha desenvolvido com relação às pessoas que encontra em sua vida diária.

1. Um bêbedo na rua.
2. Uma pessoa agressiva no metrô.

Reúna vinte atitudes diferentes a partir de condições observadas na rua. Anote-as.

Tudo que você escolhe, passando por sua imaginação, deve contribuir para o personagem.

Na peça lhe são dadas palavras que formam sentenças, que o conduzem ao enredo e às circunstâncias. Todo presente o conduz ao passado e esclarece o que você está fazendo.

PERSONAGEM

DIÁLOGO

Aqui está sua primeira peça com diálogo. No texto o ator deve indicar, como abaixo, suas ações/clima/atividades/etapas na página oposta à do diálogo.

O SENTIDO GERAL DESTA PEÇA: As leis da humanidade e da vida familiar estão mudando no mundo atual.

Diagrama

Ação	Clima	Atividade	Etapas
	médico (clima geral de um dia-a-dia do hospital		
Visitar a paciente.		Arthur olha para a prancheta, toma o pulso dela. John pega o jornal. John pega a revista médica.	Conversar sobre a mulher.
Discutir vida familiar.		Arthur folheia o livro de bebê.	Discutir vida familiar.

Conheça a situação social de ambos os médicos:

● Religião ● Educação ● Vida familiar ● Ética ● Moral

● Dinheiro ● Sexo ● Situação política

TÉCNICA DA REPRESENTAÇÃO TEATRAL

Peça com Diálogo

Personagens:
Dr. Arthur Armstrong, 45 anos, na direção médica do hospital.
Dr. John Hilton, 27 anos, assistente.
Enredo: Uma mulher está pretendendo ter um bebê. Ela já tem dois filhos.
Os médicos estão discutindo a situação.
Circunstâncias: Hospital de Nova York, Cidade de Nova York, Nova York, 1987.
A cena começa numa sala de hospital.
O DR. JOHN HILTON está na sala do hospital folheando um livro de bebê. O DR. ARTHUR ARMSTRONG entra na sala.

ARTHUR: Bom dia, John. (*Cruza a sala até a cama.*)
JOHN: Eu examinei detalhadamente a prancheta. Ela está em ótimas condições.
ARTHUR: Sim, também acho. (JOHN *vai até a janela.*) Estou muito satisfeito por ela. Ela está bastante ansiosa porque quer ter um bebê apesar de trabalhar e seus dois filhos estarem em lares de adoção.
JOHN: Se eu fosse o médico dela (*vai até a cômoda*), recomendaria que ela abandonasse o Dr. Spock e percebesse como suas idéias são antiquadas.
ARTHUR: (*Senta-se numa cadeira próxima à cama.*) Há uma coisa que eu quero lhe dizer. (JOHN *senta-se perto da cômoda.*) Sobre que vida familiar você está falando? Você sabe que os filhos têm uma atitude doentia com respeito aos seus pais e à religião. Eles não têm nada em que se apoiar.
JOHN: Bem, a minha opinião é que há falta de dinheiro nas classes trabalhadoras e a mulher precisa trabalhar. Isto quer dizer que a vida familiar tem sofrido por causa da economia. Isso arrebenta a todos.
ARTHUR: Eu sei que o seu interesse principal está na pesquisa;

PERSONAGEM

assim, você tem que deixar comigo a tarefa de cuidar das pessoas e de seus sentimentos quanto à vida familiar.

JOHN: Ela é toda sua. (*Sai.*)

Os atores são responsáveis por se familiarizarem com as circunstâncias dos dois personagens.

ATITUDE

Do Dr. Armstrong para com o Dr. Hilton: Arthur Armstrong é paciente e compreensivo com John Hilton. Quer ensinar ao médico mais jovem. Sente que a liberdade e a desonestidade depravaram o sexo e a vida doméstica.

Do Dr. Hilton para com o Dr. Armstrong: John Hilton respeita Arthur Armstrong, mas está perturbado pelo pensamento desse médico mais velho. Quer fazer com que ele mude suas idéias antiquadas.

Cada médico quer esclarecer quais são os modelos de pensamento do outro.

CONSTRUINDO UM ENREDO

Toda peça tem um enredo. O diálogo fará você compreendê-lo e os personagens se revelarão através dele. Todo personagem possui um antecedente a partir do qual é desenvolvido. Tudo isso e ainda outros elementos geram a peça que contém todos os componentes acima citados e mais outros.

Todo enredo tem que progredir em novos atos ou novas cenas. Um enredo e a maneira como se desenvolve devem ser muito claros para o ator que está representando um personagem específico.

TÉCNICA DA REPRESENTAÇÃO TEATRAL

ANTECEDENTES

DR. ARTHUR ARMSTRONG

Arthur Armstrong vem de uma educação familiar antiga — várias gerações de americanos. Foi educado num lar tradicional e antiquado e acredita firmemente na família. Tinha um bom relacionamento com seu pai. Sua família o influenciou em sua conduta e ele é extremamente bem equipado para a sua profissão. Foi educado num sistema de escola particular e sua educação de nível superior foi na Inglaterra.

A família do Dr. Armstrong era conservadora e católica romana. Ele acredita na importância da família e que você deve ter filhos. Na sua família havia três crianças e ele era o único filho homem. Acredita que o papel da mulher é ser mãe. Acha que os princípios políticos de hoje são somente para este momento e que depois passarão.

É um médico especialista e está na direção médica do hospital. Escreveu livros, faz conferências com freqüência e está bem financeiramente.

Arthur Armstrong não é a favor do aborto. Considera ter filhos um privilégio da mulher.

DR. JOHN HILTON

John Hilton amava a ciência desde criança. Quando a família percebeu seu interesse, começou a levá-lo a zoológicos e museus. Apoiavam-no muito e ele decidiu estudar coisas que o estimulavam. Era-lhe concedida liberdade. Não teve que viver sujeito a "faça como eu faço" ou "faça como eu digo". Foi para a Escola Médica de Harvard, onde estudou medicina para que pudesse fazer pesquisa.

A família do Dr. Hilton era liberal e protestante, mas não muito religiosa. Ele considera que a vida familiar está se tornando violenta e mudando muito nas atuais circunstâncias. Não acredita que você deva casar-se baseado apenas na atração sexual. Acredita que se deve viver uma vida livre e ser capaz de criar uma família se se puder sustentá-la.

PERSONAGEM

Vê os princípios políticos como depravados e acha que o governo está interferindo em demasia no meio de vida dos médicos hoje em dia.

Está interessado no crescimento de sua profissão e é neutro quanto a dinheiro.

John Hilton é a favor do aborto.

*

Conheça a ação de seu parceiro a fim de poder assumir o comando se tiver que representar esse papel. Um ator deve ser capaz de representar o papel ao lado. Ele deve fazer o mesmo trabalho que faz quando prepara seu próprio papel.

NÍVEIS

Na peça, o autor lhe dá certos níveis nos quais é possível trabalhar:
- Leve
- Carregado
- Médio

O ator pode ser atraído para um único desses níveis.
- Se a peça está num nível leve, é uma comédia.
- Se a peça está num nível carregado, é um drama.

Tome as peças:
- *Hamlet*
- *Macbeth*
- *Solness, o construtor*
- *A profissão da Sra. Warren*

Todas essas estão num nível carregado. Muitas das peças que terminam tragicamente estão num nível carregado.

As peças de Noel Coward, Neil Simon e Oscar Wilde estão todas num nível leve.

EXEMPLO DE UM ENREDO:

Na sala de estar, um marido deixa claro que está partindo. Antes de ir, veste o casaco, tira a aliança e deixa-a na mesa. Sai e fecha a porta atrás de si. Agora você sabe que ele partiu para sempre.

A esposa pega a aliança, apaga as luzes, puxa as persianas e sai no escuro.

Nós agora sabemos o enredo. Ele é carregado, a atmosfera é pesada. O enredo diz que o casamento pode ser desfeito nesse período da vida por um homem abandonando sua mulher.

Nós agora sabemos que *o tema geral é: o casamento não é mais uma instituição sólida.*

Para compreender a ação dessa história, você deve realizar certas coisas. Tudo que é feito, seja em que nível for, tem que servir ao enredo da peça. É necessário saber como trabalhar fisicamente, com três ou quatro coisas numa sala, de forma a motivá-lo a responder à situação exigida pelo enredo imaginativo da peça.

Ela

1. Vai até a caminha da criança dar uma última olhada no filho.
2. Vai até a mesa.
3. Assina e fecha a carta que escrevera explicando sua situação.
4. Vai pegar seu casaco e o chapéu.
5. Parte.

Todo enredo tem uma ação. A ação é deixar a casa. Não há etapas na ação.

PERSONAGEM

EXERCÍCIO 45

Construa um Enredo e Justifique

Nas circunstâncias desse enredo:
Ele
1. Entrou numa sala, que estava escura.
2. Foi até a caminha e a encontrou vazia.
3. Abriu a janela para ver se alguém estava por perto.
4. Então desceu correndo as escadas para chamar a polícia.

O uso do "ele" permite que você veja as circunstâncias. O próximo passo é estimular as circunstâncias, retirando a ação da terceira pessoa e colocando-a na primeira.
1. Eu entrei na sala, que estava escura.
2. Eu prestei atenção e não escutei nada.
3. Avancei até a caminha para pegar o bebê e ele havia desaparecido.

Como se sente mais quando a ação está na primeira pessoa!

EXERCÍCIO 46

Escreva dez páginas sobre Maria ("Maria tinha um cordeirinho"), dizendo:

1. De que modo ela ia para a escola.
2. Quem eram seus irmãos e irmãs ou, se ela era a única filha, por que seus pais não estavam com ela.

Justifique todas as suas afirmações. Estabeleça os antecedentes num nível carregado. Por exemplo, as patas do cordeiro estavam sangrando, o cordeiro gritava e Maria as limpava. Agora você pode dizer a fala: "Em todos os lugares para onde Maria ia, o cordeiro não deixava de ir." O presente existe porque o passado é verdadeiro; sente-se o sofrimento do cordeiro e o interesse de Maria. A expansão da his-

TÉCNICA DA REPRESENTAÇÃO TEATRAL

tória através da criação dos antecedentes imaginários o faz sentir em maior grau.

Quando você constrói um antecedente, deve escolher coisas que o afetem, o provoquem.

Estudar o antecedente o ajudará a guardar-se contra o erro comum na atuação americana de trazer a si mesmo para a cena sem mudança alguma — por isso você deve:

- Mudar seu cabelo.
- Maquiar seu rosto.
- Trocar de roupa.
- Mudar o comportamento.

Faça essas coisas de acordo com o personagem.

Você deve saber a diferença entre a peça que está representando e sua vida particular — entre a pessoa que está retratando e você mesmo. Hamlet, como dissemos, não é uma pessoa como você; ele possui a Dinamarca. Você não pode apresentar Hamlet sem trabalhar nas diferenças de classe. A ação abrangente que motiva Hamlet — buscar sua verdade em seu tempo — requer muitos antecedentes.

O Ator deve depender dos conhecimentos armazenados que o Homem tem dentro de si para ajudá-lo a se relacionar com a experiência do personagem que representa. Trabalhando por meio dos antecedentes, expressando em ações, não em palavras, ele pode começar a trazer a vida de personagens estranhos e muitas vezes herméticos como Hamlet ou Lear para dentro de si mesmo.

EXERCÍCIO 47

Tome um período na História, desenvolva-o pesquisando a música, a literatura, os pintores, a arquitetura, as roupas que as pessoas vestiam, a atitude com relação ao dinheiro, e escreva três ou quatro páginas sobre ele.

PERSONAGEM

EXEMPLO: 1906

Política	Teatro	Artes visuais	Música	Ciência	Vida diária	Religião

Existe um livro que o ajudará a pesquisar todos os períodos. Trata-se de *Timetables of History*, de Bernard Gruen.

CAPÍTULO IX O vocabulário da ação

O que exigem que o ator faça no palco é tão vasto quanto a vida em si, e a série de ações que ele deve ter sob seu comando pode ser muito extensa. Um ator deve começar a adquirir um vocabulário de ações, tais como:

- Recordar
- Falar
- Bater papo
- Conversar
- Debater
- Argumentar
- Atacar
- Cuidar de
- Explicar

- Ensinar
- Revelar
- Denunciar
- Desafiar
- Sonhar
- Filosofar
- Orar
- Aconselhar

Essas ações figuram entre as mais importantes e freqüentemente usadas, mas existem, é claro, muitas outras

RECORDAR

O ser humano é o único animal capaz de relembrar o passado, algo que está morto e só ele pode trazer de volta. "Recordar" é um recurso que os autores freqüentemente usam para trazer a poesia para a

TÉCNICA DA REPRESENTAÇÃO TEATRAL

prosa de seus textos. Um refúgio na reminiscência de um passado mais favorável é por si só um meio de escape poético das realidades do presente, algumas vezes insuportáveis.

A ação "recordar" é monologar, relembrar o passado e trazê-lo de volta. É diferente de lembrar, que está automaticamente associado com a vida diária. Você se lembra do número do seu telefone e de sua lista de compras. Você se lembra de responder a uma carta. Na reminiscência, o personagem traz de volta o que ama. Você pode dizer: "Um dia eu estava caminhando à beira de um rio. Ele fluía tranqüilamente. Sentei-me na sombra. Podia contemplar as montanhas."

A natureza da ação "recordar" é que o personagem revive a experiência — vê novamente o que já viu e lembra-se apaixonadamente.

Quando você começa a recordar, perde o mundo presente.

EXEMPLO:
Esta mesa, à qual estou sentado, não existe mais para mim, somente o rio ao longo do qual caminhei naquele dia de primavera sob um céu límpido, quando podia contemplar as montanhas.

Quando o personagem traz de volta uma parte de sua vida passada através da reminiscência, suas palavras tomam uma qualidade poética. "Recordar" é trazer de volta um mundo perdido. Tudo se torna importante e significante porque já desapareceu.

Se você deixou o mundo, partindo para as memórias, você deve:
• Abandonar o presente.
• Trazer uma qualidade poética para a cena.
• Dar vida ao que morreu mas ainda vive em você.
• Visualizar cada imagem.
• Usar muito pouco movimento físico.
• Usar poucos gestos.
• Entrar e sair da reminiscência quando tem um parceiro.

Esta é a maneira de o autor criar poesia durante a prosa.
A ação deve ser elevada a um nível sublime.

O VOCABULÁRIO DA AÇÃO

Blanche DuBois, em *Um bonde chamado desejo*, de Tennessee Williams, recorda:

Era um menino, apenas um menino, quando eu ainda era apenas uma garotinha.

Aos dezesseis anos, fiz uma grande descoberta — o amor. Subitamente e tão, tão completa. Foi assim como se alguém acendesse uma luz intensa num lugar que sempre estivesse mais ou menos no escuro, foi assim que se revelou esse mundo para mim.

Quando for ensaiar a ação de recordar, crie os antecedentes. Comece a partir de suas circunstâncias imediatas; então abandone-as completamente.

Você deve recordar alguma coisa na qual tenha interesse.

• Um personagem que perdeu o lar.

• Uma família que se dispersou e desapareceu.

Trabalhe no texto de John Van Druten, *I Remember Mama*. As circunstâncias se passam em 1910, nos Estados Unidos.

• Pense no vestuário.

• Recorde as circunstâncias do oceano.

• Use as circunstâncias para estimulá-lo.

Aqui está Katrin relembrando sua família:

É engraçado, mas, quando eu olho para trás, sempre vejo Nels, Christine e eu mesma quase com a aparência que temos hoje. Acho que é porque as pessoas que você vê todo o tempo ficam com a idade inalterada na sua cabeça. Dagmar é diferente. Ela foi sempre o bebê — assim eu a vejo como um bebê. Mesmo Mamãe — é engraçado, mas eu sempre vejo Mamãe por volta dos quarenta. Ela não podia ter sempre quarenta anos!

135

TÉCNICA DA REPRESENTAÇÃO TEATRAL

Wordsworth dizia: "Poesia é a emoção relembrada em tranqüilidade." Você não deve ativar muito as circunstâncias. Elas devem existir em tranqüilidade. (Uma outra fonte de reminiscência é *Nossa cidade*, de Thornton Wilder.)

EXERCÍCIO 48

Crie uma sala antiquada do interior, nos anos 1900, com:
1. Um velho piano de armário
2. Partituras musicais
3. Um cesto de costura
4. Uma cadeira de balanço
5. Uma mãe
6. Um velho álbum de retratos de família

Recorde sobre cada item acima.

EXERCÍCIO 49

Recorde a partir dessa vida. Tome as circunstâncias de um velho sótão:
1. Suba as escadas rangentes.
2. Veja as teias de aranha e o velho baú.
3. Recorde os objetos do baú — a velha boneca quebrada etc.

FALAR

A ação pode começar com "falar", continuar com "bater papo", "conversar" e "debater" e terminar com "argumentar" e "atacar".

Você pode falar e especular com um parceiro sobre:
- Consertar o sofá.
- Restaurar os aparelhos de iluminação quebrados.
- Pintar as paredes sujas.

O VOCABULÁRIO DA AÇÃO

Nesta forma de comunicação não há deixas. A arte de falar é que ninguém está, de fato, ouvindo atentamente. Falar é interromper o tempo todo. Na vida diária, nós falamos sobre coisas sérias que não significam nada para nós — a economia nacional e a política internacional. Passamos nossa vida inteira falando sobre esses assuntos sem vivenciá-los.

BATER PAPO

Bater papo tem um ritmo diferente, que é sugerido pelo próprio nome da ação: "bate-papo". Você bate papo num nível leve. Bater papo é semelhante a falar, pois você pode ouvir e bater papo ao mesmo tempo. Se um grupo de três ou quatro pessoas está batendo papo junto, todos devem ter o mesmo tom. Todos devem ser iguais e ninguém deve tentar assumir o comando.

CONVERSAR

Se você estiver num avião, sentado próximo a alguém que não conhece, a ação provavelmente será conversar. Você não se comunica de fato com a outra pessoa. A situação não é dada a um diálogo muito profundo. A conversação é uma ação que está associada com as classes média e alta, havendo uma formalidade em torno dela. A qualidade de uma conversação é não ser íntima. Eu não conheço você e você não me conhece. Na conversação você ouve e responde.

DEBATER

O primeiro requisito do debate é que tanto você como seu parceiro tenham interesse genuíno nas idéias que serão discutidas. O debate é uma ação muito moderna. O elemento dialético é encontrado em muitas peças modernas desde Ibsen, consistindo na exposição de dois pontos de vista contraditórios, dos quais nenhum sai vencedor. Não há necessidade de vencer um debate. Você pode, portanto, debater sem eliminar seu parceiro. As idéias expressadas por seu parceiro o estimularão. A troca o incentivará. O debate deve realizar-se num assunto que seja mutuamente interessante.

Nesta ação, como em quase nenhuma outra no campo da comunicação, há um entendimento genuíno e a troca de idéias é real e natural. É, talvez, a ação mais importante na dramaturgia moderna porque a platéia entende ambos os lados da discussão e torna-se o terceiro parceiro na peça. Os membros da platéia devem deixar o teatro e decidir que lado do debate está de acordo com suas opiniões.

EXEMPLO: Tópicos para debate:
- O aborto deve ser legalizado?
- O governo deve sustentar as artes?
- O casamento é uma boa idéia para artistas?

ARGUMENTAR

Argumentar significa que os atores têm dois pontos de vista, aos quais se mantêm fiéis. A essência da ação é apossar-se de pedaços do debate, mas na verdade você não o assimila; apenas continua com seu próprio lado e opinião.

O VOCABULÁRIO DA AÇÃO

ATACAR

Atacar significa que não há controle e que há muito pouca atenção ao que se diz. Você investe em todas as direções. "Atacar" é ir em busca de alguma coisa sem demora.

De argumentar para atacar é uma progressão natural; e com o ataque nós atingimos o fim da cadeia de comunicação.

CUIDAR DE

EXEMPLO: Circunstâncias — Um gramado

Um filhote de pássaro caiu do ninho; sua asa está ferida. Como você cuidaria dele?

Em suas circunstâncias escolhidas, você pode:

• Passar por baixo do pássaro um pano que você trouxe de casa.
• Dar água ao pássaro.
• Levar o pássaro para a varanda.

São coisas que você pode fazer em sua ação "cuidar de". Você deve usar todas as circunstâncias para o pássaro.

Este exemplo o faz entender como cuidar de um animal. Não há histórias menores; só o ator as faz pequenas. Descobre-se que o pássaro tem uma vida própria na ação "cuidar de".

No quadro geral desta seqüência o tema seria que o homem é prestativo para animais e pessoas quando há dificuldade.

EXERCÍCIO 50

Para cuidar de um paciente num hospital, como enfermeira, familiarize-se com a profissão. Apóie-se nas circunstâncias:

1. O que está na mesa de remédios?

TÉCNICA DA REPRESENTAÇÃO TEATRAL

2. O que está no relatório ao pé da cama?
3. Regule o ar do quarto — use a janela.
4. Remova o cobertor.

Isto pode requerer visita a um hospital e observar o tratamento. Pratique o que você viu até tornar-se sua segunda natureza.
1. Sua ação de cuidar de um paciente estimulará nele uma contra-ação.
2. Nessas circunstâncias, você deve criar antecedentes para seu parceiro.
3. Como atores, nós devemos buscar o relacionamento humano.
   a. Qual é a sua atitude com respeito ao paciente?
   b. Qual é a atitude dele em relação a você?
   c. A ação está num nível leve ou carregado?

Trace um desenho do quarto do hospital. Sempre desenhe suas circunstâncias.

Para realizar a ação de cuidar de alguém, você precisa justificá-la para estar verdadeiramente cuidando do paciente. O ingrediente da ação é o seu talento. Muitos atores esquecem completamente isso.

EXPLICAR

Explicar é esclarecer para seu parceiro alguma coisa que ele precisa muito saber. É uma ação real e prática.

EXEMPLO:
   • Explique como usar o ar-condicionado da sua casa.
   Conheça suas circunstâncias.
   • Explique por que a situação social é difícil no mundo moderno.
   • O problema do aborto.
   • A educação inferior nas escolas públicas.

O VOCABULÁRIO DA AÇÃO

ENSINAR

A essência de ensinar é dar em profundidade o que você sabe sobre um certo assunto para alguém que necessita saber. Todo mundo sabe como ensinar alguma coisa.

EXERCÍCIO 51

Usando o ensinamento em diferentes circunstâncias, por meio de sua imaginação, mostre:
1. Como lapidar um diamante.
2. Como disparar uma metralhadora.
3. Como dirigir um laboratório químico.
4. Como dirigir um escritório.

Para lhe ensinar alguma coisa, eu devo saber essa coisa, embora, como ator, isto possa estar longe da minha experiência, como, por exemplo, usar uma metralhadora ou lapidar um diamante. Se você não conhece essas ações, deve expressar os seus ensinamentos através da imaginação.

Escolha as circunstâncias para cada uma das ações acima. Selecione três coisas para fazer naquelas circunstâncias específicas.

EXERCÍCIO 52

Pratique o ensinamento de:
1. Como desenhar um vestido.
2. Como pilotar um avião.
3. Como dirigir uma carruagem.

Todos sabem alguma coisa; e o que você sabe pode ser ensinado:
4. Equitação.
5. Confecção de colchas.
6. Tênis.

TÉCNICA DA REPRESENTAÇÃO TEATRAL

Você pode também, por intermédio de sua imaginação:
7. Ser um lenhador.
8. Produzir penicilina.

REVELAR

Uma ação mais complexa é revelar-se. Revelar é abrir a intimidade e expor seus pensamentos mais profundos, sem contenção. É uma experiência humana universal. Sentimentos fortes estão associados com esta ação, mas, como em todas as ações, nenhuma tentativa deve ser feita de expressá-los. Os sentimentos surgirão das ações.

Cada personagem que você representa tem experiências muito profundas. É o dramaturgo quem as revela.

EXEMPLO:
- Alguém revela sua doença para um médico.
- Alguém revela seus pecados em confissão.

Revelar é uma ação vasta e épica. Não é necessário um parceiro. Você pode expressar-se enquanto outras pessoas estão no palco fazendo outras coisas — fumando, bebendo calmamente — sem ouvi-lo. Essa auto-revelação íntima em público é uma ação teatral muito importante em *As três irmãs*, de Tchekhov. Nessa peça, uma das numerosas ações é revelar os fracassos dos personagens na vida.

DENUNCIAR

Denunciar é uma ação forte, que possui dimensão. É expressa para o inimigo. Está próxima da ação de ataque. A ação de denunciar é:

O VOCABULÁRIO DA AÇÃO

- para derrubar seu parceiro.
- para destruí-lo.

É uma ação representada por alguém com poder: do rei para seus inimigos, ou do líder da greve para os patrões, como em *Waiting for Lefty*. A denúncia vai de um arquétipo para outro. O ataque não é individual, mas à instituição que o indivíduo representa.

Denunciar é a ação de Coriolano em seu discurso:

Vil matilha de cães! Cujo mau hálito odeio
Como o pântano empestado, e cuja simpatia estimo tanto
Quanto o cadáver insepulto e podre
Que deixa o ar corrompido e irrespirável:
Sou eu que vos desterro, e aqui vos deixo com vossa inconsistência!
Que ao mais fraco rumor o coração vos deixe inquieto!
E que só com moverem seus penachos,
Vos insuflem terror os inimigos!

Ou de Dr. Stockman em *Um inimigo do povo*, de Ibsen:

O que importa a destruição de uma comunidade que vive de mentiras! É preciso que seja arrasada, eu lhes digo! Todos aqueles que vivem de mentiras devem ser exterminados como vermes! Vocês acabarão por infectar o país inteiro; vocês o levarão a um estado de coisas que o país inteiro merecerá ser arruinado. E se as coisas chegarem a tal desfiladeiro, eu lhes direi, do mais fundo do meu coração: deixem que todo o país pereça, deixem todo este povo ser exterminado.

Aquele que denuncia acredita que ninguém pode tocá-lo. É como se ele fosse um deus, não apenas um homem civilizado. Não há defesa na ação, nenhuma tentativa de remediar a situação.

Você precisa estabelecer um senso de poder para denunciar, que deve vir de dentro de você. A ação deve estar em você antes de dar início. Comece por denunciar:

TÉCNICA DA REPRESENTAÇÃO TEATRAL

- Banqueiros.
- Proprietários de companhias de petróleo.
- Pessoas que iniciam as guerras.

Você deve encontrar o poder e a grandeza necessários. Um senso de ser alguém, de onipresença. Você deve expressar a ação. Deve julgar quanta energia ou esforço necessita se for usar algum gesto.

DESAFIAR

O desafio está perto da denúncia. É uma outra ação que exige grandeza, como para um rei, sendo difícil para os jovens atores alcançaremna. A ação de desafiar é *abater um homem, demolir suas idéias*.

Em *Pigmalião*, de Shaw, quando o momento de Eliza finalmente chega, e ela desafia Henry Higgins, Shaw está dizendo que há duas classes em cena, e o conflito é que a classe servidora pensa que é igual à classe alta. Essa é a idéia geral.

Os atores têm uma tendência a tornar-se muito emocionais quando falam desafiadoramente, suas palavras não podem se deixar perder pelo temperamento. Especialmente em Shaw, as palavras são a coisa mais importante.

SONHAR

Sonhar é perder o presente e assemelha-se a recordar. Porém, sonhar difere de recordar em olhar para o futuro em vez do passado. Sonhar é pensar em alguma coisa que você ainda não tem mas gostaria de ter. É ver alguma coisa à sua frente.

No monólogo de Robert, no primeiro ato de *Além do horizonte*,

O VOCABULÁRIO DA AÇÃO

de Eugene O'Neill, o tema é este: do grande sonho de vida, de alcançar o mar e conhecer sua força misteriosa. Este trecho do monólogo é um exemplo de sonhar:

ROBERT

Eu começava a sonhar. Sabia que o mar estava do outro lado daquelas colinas. (...) Todo o mistério do mundo para mim estava então naquele — mar distante — e ainda está! Ele então me chamava exatamente como me chama agora. (...) E eu prometia a mim mesmo que, quando crescesse e ficasse forte, seguiria por esta estrada e, ela e eu juntos, encontraríamos o mar.

Robert está lutando para se tornar claro. Ele resiste à ligação com a realidade e deseja ardentemente retornar para o mar.

Para sonhar, você deve abandonar seu corpo, assim como faz ao dormir. Sua imaginação toma o controle e você perde o momento presente. Você de fato não se concentra no lugar onde está. O sonho é forte em imagens e cresce em tamanho, expandindo-se com a imaginação. O sonho é sempre visual e as imagens devem ser vistas por você. Se você as vir, a platéia então as verá.

Trecho de *The Rainmaker*, de N. Richard Nash:

Irmã, o último lugar para onde eu trouxe chuva se chama agora Starbuck — eles assim o chamaram em minha homenagem! Seco? Eu lhe digo, aquelas pessoas não tinham umidade bastante para piscar os olhos! Então eu tirei minha grande roda e meu tambor redondo e meu chapéu amarelo com as três pluminhas! Olhei para o céu e disse: "Cúmulo!" Eu disse: "Cúmulo-nimbo! Nimbo-cúmulo!" E então olhei para cima e caiu chuva!

FILOSOFAR

Filosofar é questionar o que a vida quer dizer, penetrar o seu mistério. É uma ação serena e não está relacionada com ninguém. Você pode filosofar sobre a morte, como neste trecho de *As troianas*, de Euripides:

> A morte, tenho certeza, é como nunca ter nascido, mas a morte é sem dúvida muito melhor que viver uma vida de dor, uma vez que os mortos, sem a percepção do mal, não sentem pesar algum.

E na fala do reverendo Anthony Anderson, em *O discípulo do diabo*, de Bernard Shaw:

> O pior pecado com respeito aos nossos semelhantes não é odiá-los, mas ser-lhes indiferentes; essa é a essência da desumanidade. Depois de tudo, meu querido, se você olhar cuidadosamente as pessoas, ficará surpreso ao descobrir como odiar e amar são semelhantes. (...) Pense em como alguns de nossos amigos casados, que se preocupam uns com os outros, não conseguem deixar de se ver por um dia sequer, acusam-se uns aos outros, têm ciúmes uns dos outros, são muito mais carcereiros e proprietários de escravos que amantes. Pense nessas mesmas pessoas como seus inimigos, escrupulosas, orgulhosas, cheias de amor-próprio, determinadas a não depender umas das outras, cuidadosas ao falar umas com as outras — ora! Já pensou que, se elas soubessem disso, seriam melhores amigos de seus inimigos que de seus próprios maridos e esposas?

ORAR

Orar é estender a mão por socorro, por consolo; implorar por ajuda.

O VOCABULÁRIO DA AÇÃO

EXERCÍCIO 53

Ore a:
1. Zeus
2. Deus
3. Jesus
4. Buda

Fique atento para orar de formas diferentes a imagens distintas.
Ore para:
1. Obter ajuda.
2. Agradecer.
3. Pedir consolo.

Sempre crie as circunstâncias de onde você está enquanto ora.

ACONSELHAR

Dar conselho a uma pessoa significa que ele ou ela precisa saber alguma coisa que você pode esclarecer. Você aconselha alguém sobre:
- Bens imobiliários
- Finanças
- Vida familiar
- Vida pessoal

Aonde você vai para se aconselhar?
- Consultório médico
- Escritório de advogado
- Casa dos pais
- O vizinho do lado

A qualidade de aconselhar é ter fluência. A ação é toda mental. A ação não vem do coração, vem da cabeça. Aconselhar não é, portanto, como ensinar, que segue do meu coração para o seu. Quando você vai até um policial para se aconselhar, ele não lhe ensina como pegar o metrô, nem o médico lhe ensina que remédio tomar. Eles o aconselham.

Trecho de *The Time of Your Life*, de William Saroyan:

Olhe, garota, você não vai ficar nada mais jovem. Não se deixe tapear. Eu não tenho nada com isso. Apenas deixe-me dizer a você uma coisa — o amor é para os muito jovens ou os muito ricos.

O autor está escrevendo sobre os problemas de classe, neste caso os de uma mulher operária.

Para aconselhar, você deve:

1. Conhecer bastante a pessoa a quem está aconselhando.
2. Trabalhar no texto e penetrar fundo no enredo.
3. Saber imediatamente sobre que classes o dramaturgo está falando.
4. Saber por que a peça é importante.

EXERCÍCIO 54

Agora localize a ação nas circunstâncias.

Desenhe um esboço do lugar, que é uma cozinha — faça um desenho do cenário e dos adereços em sua mente.

a. Mesa
b. Pia
c. Geladeira
d. Cadeiras

Você deve observar o personagem antes de aconselhá-lo. Na cena,

O VOCABULÁRIO DA AÇÃO

as roupas de Janet podem estar espalhadas e as xícaras de café, por lavar. Seu vestuário está em desordem. Todos esses detalhes contribuem para a justificação íntima da ação aconselhar. Depois, você deve começar a criar os antecedentes de Janet e de seu parceiro.

Sua impressão de Janet:

- Seus olhos estão injetados.
- Ela tinge os cabelos.
- Suas roupas estão sujas.
- Ela é desleixada em excesso.

Ao tomar quaisquer das quatro impressões corretas, você dominará a ação aconselhar.

CAPÍTULO X   # A primeira aproximação do ator com o autor

PARAFRASEANDO

O ato de ler ou falar surge das palavras do texto. Durante o ensaio, o entendimento que o ator retira dessas palavras deve ser claro.

Parafrasear o texto da peça é uma parte essencial da técnica do ator. Parafrasear é tomar as idéias do autor e colocá-las nas palavras do ator, e desse modo fazer com que elas lhe pertençam. Parafrasear o encoraja a usar sua mente e sua voz e lhe dá algum poder que se iguala ao poder do autor. Simplesmente ouvir o som de sua própria voz pode ser útil. Primeiramente, a platéia deve crer em você para que possa acreditar no autor.

Esta é sua primeira experiência e a primeira aproximação do ator com o autor. O trecho seguinte é do ensaio "Sobre o casamento" de *O profeta*, de Kahlil Gibran:

> Vocês nasceram juntos e juntos devem estar para todo o sempre.
> Vocês estarão juntos quando as asas brancas da morte dispersarem os seus dias.
> Sim, vocês devem estar juntos mesmo na memória silenciosa de Deus.
> Mas deixem haver espaços em sua união,
> E deixem os ventos dos céus dançarem entre vocês...
> Doem seus corações, mas não os deixem aos cuidados um do outro.
> Pois somente a mão da Vida pode conter seus corações.
> E fiquem juntos ainda que não muito próximos,

TÉCNICA DA REPRESENTAÇÃO TEATRAL

Pois os pilares do templo estão separados,
E o carvalho e o cipreste não crescem um na sombra do outro.

EXERCÍCIO 55

1. Qual é sua reação às idéias do ensaio?
2. Quando o casamento é celebrado, você acha que deve ser automaticamente para sempre?
3. Você concorda com a idéia de Gibran de que os cônjuges não devem interferir na liberdade um do outro?

Essas idéias exigem sua reação e interpretação.

A necessidade do autor é escrever a peça. A necessidade mais importante do ator é interpretá-la. Use suas próprias palavras. O exercício acima fará com que as idéias lhe pertençam. Você está então em parceria com o autor.

Quando for parafrasear, tome sempre as idéias que têm mais importância. Seria útil ler ensaios, discursos, artigos de jornal e editoriais, traçando idéias a partir deles. Para isso, você deve a princípio pôr o texto em suas próprias palavras. Então retire a pontuação. Quando você entender o texto, a pontuação cairá naturalmente onde for necessária.

EXERCÍCIO 56

Parafraseie as idéias que você leu e então elas se tornarão parte sua. Não é suficiente dizer as palavras. Você deve compreendê-las. O trecho seguinte é de Kahlil Gibran: "Sobre o falar", de *O profeta*:

Você fala quando cessa de estar em paz com seus pensamentos e quando não pode mais habitar na solidão de seu coração. Você vive em seus lábios e o som é uma diversão e um passatempo e em grande parte da sua fala o pensamento é quase assassinado existem aqueles que falam e sem conhecimento ou premeditação revelam uma verdade que eles mesmos não compreendem.

A PRIMEIRA APROXIMAÇÃO DO ATOR COM O AUTOR

(A pontuação foi retirada intencionalmente como parte do exercício.)

EXERCÍCIO 57

Leia em Voz Alta

Tente o mesmo exercício com um artigo ou editorial de jornal, ou uma fala ou poesia shakespeariana.

1. Leia em voz alta: pense na fala como uma canção.
2. Entenda o que está lendo.
3. Parafraseie.
4. Calmamente enuncie em suas próprias palavras.
5. Projete sua voz alta pela sala.

Um ator é a pessoa que compreende que as palavras carregam idéias.

Quando você estuda textos escritos em linguagem contemporânea, deve escolher ensaios para parafrasear que o tragam para mais perto da idéia. Textos que lidam com verdades erguem o ator à grandeza. Não rebaixe o texto a um nível cotidiano.

SEQÜÊNCiAS

Divida o texto em seqüências que lhe sejam inteligíveis.

As três seqüências seguintes são de *Um conto de duas cidades*, de Charles Dickens:

- "Monsenhor, um dos grandes figurões de poder na Corte, realizou sua recepção quinzenal em sua nobre mansão em Paris."
- "Monsenhor estava em sua sala íntima, seu santuário dos santuários, o mais sagrado dos mais sagrados para a multidão de devotos no conjunto de salas do lado de fora."

- "Monsenhor estava pronto para tomar seu chocolate. Monsenhor podia engolir uma grande quantidade de coisas com facilidade, mas o seu chocolate da manhã não podia passar pela garganta do Monsenhor sem a ajuda de quatro homens fortes."

Isto é o que eu quero dizer por seqüências. Procure pelas seqüências de um texto e siga-as. Cada seqüência é um outro pensamento. Veja como a idéia se desenvolve. Seja conduzido pelas seqüências e não estude as palavras. Deixe uma seqüência levá-lo a outra. Este é o segredo de trabalhar num texto.

O PROBLEMA DA GRANDIOSIDADE

Os atores americanos têm pavor de grandiosidade. Quando as idéias do autor são universais e épicas, o ator se retira. Tem medo de exagerar. Traz as idéias do autor para seu nível mais simples, que ele chama de ser real no palco. O ator deve se acostumar a trabalhar com textos que têm problemas que afetam a todos, como: amizade, lealdade e vida familiar.

Se você puder compreender e interpretar as idéias do autor, atingirá grandiosidade em seu desempenho.

- Por que o autor escreveu a peça?
- O que o autor quer dizer?

Quando representar um personagem épico, não tenha medo de usar sua voz. Use toda a sua energia e sirva-se de idéias pelas quais lutaria. Enriqueça sua platéia.

CAPÍTULO XI Trabalhando no texto

O ELEMENTO DIALÉTICO NO TEXTO MODERNO

O debate de idéias está no centro do teatro moderno. Em muitas peças, desde Ibsen, se encontra o que chamamos de elemento dialético. Desde Shaw e O'Casey até Beckett e Pinter, de O'Neill e Odets a Arthur Miller, Tennessee Williams e Edward Albee, o elemento dialético é utilizado.

O teatro moderno é um teatro de idéias, um teatro cuja proposta é fazer a platéia pensar e aprender sobre as questões mais vastas da vida.

Se no palco duas pessoas simplesmente concordam, não há peça e nada mais a dizer. O teatro moderno está baseado na nossa habilidade de considerar dois pontos de vista. Em qualquer situação dramática, um personagem pode estar a favor de uma idéia sob discussão e um outro pode estar contra. Em *Casa de bonecas*, de Ibsen, quando Nora anuncia que vai partir, o marido lhe diz: "Seu primeiro dever é com seu marido e seus filhos." Nora diz: "Não, acho que meu primeiro dever é comigo mesma."

O elemento dialético entrou no teatro com Ibsen. A classe média introduziu valores reconhecidos de moral, educação e ética que foram parte de uma sociedade de classes definida. A classe apenas "pegou" valores. Esta falta de convicção significa que para cada questão que surge existem dois lados. No teatro moderno não há verdade única.

Num debate, deve-se reconhecer a diferença entre questões de peso e importância variados, e julgar entre as questões menores e maiores.

Pode-se tomar a questão menor — a de Nova York ser superpovoada — e trazê-la para uma outra questão maior:

- Superpovoamento é a natureza da vida na cidade. Cada cidade no mundo é propensa a ter um aumento progressivo da população.

Pode-se aceitar isto como incontestável ou afirmar:

- Que isso pode levar ao esgotamento familiar, à falta de moral, à doença e ao desastre da superpopulação.

No teatro, o interesse surge quando há uma opinião. Quando você inicia uma discussão sobre um tópico como a superpopulação das cidades, deve aferrar-se ao tópico e não se desviar para outras idéias épicas. Você não tem o direito de se perder em divagações ou ser vago. Na discussão, a mente de cada parceiro deve estar alerta. Você deve moderar a emoção.

Deve haver crescimento em sua discussão. A menos que avance passo a passo, você corre o risco de se tornar repetitivo e maçante. Você não deve começar com uma declaração como: "Eu acredito..." Em vez disso, você deve partir daquilo que seu parceiro diz ou do que você acredita que seu parceiro pensa. Continue o assunto que já está na mente de seu parceiro; não comece um novo.

EXEMPLO: Aborto

O avanço por etapas dá crescimento e interesse ao seu argumento. Se você está debatendo aborto e falando contra ele, pode começar por dizer que:

- O feto é o começo da vida.
- O aborto é errado porque significa o assassinato de uma vida humana.
- A solução não é o aborto, mas a criação de melhores lares de adoção e o progresso de métodos adotivos.

TRABALHANDO NO TEXTO

Os exercícios de debate são destinados a ajudar o ator a compreender os temas dos dramaturgos modernos e a apreciar a oposição de idéias. O escritor é bem articulado porque expressa no palco pontos de vista contrários.

O debate não é um monólogo. Você deve manter-se no nível que a discussão requer, e não estar num tom menor que seu parceiro. Na vida moderna há, por exemplo, os seguintes temas para discussão:

A favor ou contra:

- O papel da mulher.
- Aborto.
- Pena de morte.
- A instituição do casamento.
- Se o casamento é bom para atores.

EXERCÍCIO 58

Tome um ou dois desses temas e discuta-os com outro ator. Você deve ser capaz de manter o debate a partir de seu parceiro e ser despertado para o assunto que está discutindo. As palavras surgirão do assunto.

O ator deve ser encorajado a usar dois pontos de vista opostos, ao trocar de papel.

Quando não há nada épico ou universal numa discussão, ela é muito pequena para o teatro. O dramaturgo lida com grandes assuntos. O ator estará falando sobre o homem, sobre a vida, sobre a sociedade.

Comparada com a idéia, a personalidade individual do ator é insignificante. Você deve transcender sua própria personalidade e assumir a dimensão do assunto que está discutindo. Aborto não é um tema vulgar. Você não deve abordá-lo com uma mentalidade vulgar.

Tal questão é grande o bastante para ir à presença do Senado, do clero e do povo dos Estados Unidos. Não deve, portanto, ser rebaixa-

TÉCNICA DA REPRESENTAÇÃO TEATRAL

da ao nível da rua. Você não deve ser controvertível numa discussão. Você deve aprender a diferença entre debate e controvérsia. Neste país, nós não sabemos como debater; nós só discutimos. Somos como motoristas de táxi. Nosso temperamento nacional não tolera ouvir. Se o debate entra no campo da discussão e se você deseja brigar, você não escutará nada e a discussão estará terminada. Você também não deve levar muito tempo com o que diz. Vencer um debate não é o objetivo, mas aprender. Dê absoluta atenção ao que seu parceiro diz.

Em grande parte porque enfocam um debate, as peças modernas são escritas em prosa. São escritas do modo que falamos e também num campo que não é muito verbal. Ao dizer as falas de uma peça moderna, não tome emprestado de uma outra cultura. Não acrescente nada que seja teatral ou que pareça afetado. Isto torna a peça menos convincente e até mesmo falsa.

As idéias são o que nos atrai para o teatro contemporâneo. O que faz você aprender e crescer é o elemento dialético. Desde 1875, Ibsen contribuiu com idéias dialéticas — como por exemplo o papel da mulher na sociedade — para o teatro moderno. Suas idéias ainda estão sendo discutidas. Nós ainda falamos sobre o complexo de Édipo, que foi pela primeira vez explorado no antigo teatro grego. As idéias que vêm do palco nos absorvem e são duradouras.

EXERCÍCIO 59

DEBATE

Ache uma grande idéia nestas peças de Shaw; descreva em três quartos de página o que ele está dizendo:
1. *Major Barbara*
2. *Pigmalião*
3. *Cândida*

TRABALHANDO NO TEXTO

O MONÓLOGO

Para o dramaturgo, o monólogo é um poderoso e característico meio de se comunicar diretamente com a platéia. Ao usar o monólogo, o dramaturgo está abertamente se endereçando ao mundo. Como uma forte ação poética, o monólogo contém o âmago da idéia que um autor pretende transmitir à sua platéia. O tema de *Ricardo II*, de Shakespeare, diz que países ascendem e caem, e as civilizações, como o próprio Homem, morrem. Nas palavras de Ricardo, tudo conduz à morte.

No seguinte solilóquio do Ato III de *Ricardo II*, Ricardo está lamentando o retorno vitorioso de seu rival, o banido Bolingbroke.

> De satisfação nenhum homem fale:
> Falemos de túmulos, de vermes e epitáfios;
> Façamos das cinzas o nosso papel, e com os olhos lacrimosos
> Escrevamos a tristeza no seio da terra;
> Escolhamos inventariantes e falemos de testamentos;
> E ainda nem tanto — pois o que podemos legar à posteridade
> A não ser nossos corpos debaixo da terra?
> Nossas terras, nossas vidas, tudo é de Bolingbroke,
> E nada podemos chamar de nosso, exceto a morte.

Shakespeare está nos contando nessa passagem como é perder a esperança e encarar a morte.

Goethe disse:

> Se você perde dinheiro, você perdeu alguma coisa. Se você perde o amor, você perdeu muito. Mas se você perde a esperança, você perdeu tudo.

Tennessee Williams escreveu sobre isso em *Small Planet*:

Quando um homem olha para uma constelação, encolhe os ombros e diz:

"E daí?", então ele sabe que já está morto e de luto para a vida.

A tristeza vem com a percepção de que a vida não é eterna — quando você descobre que as coisas não continuam indefinidamente e quando você perde o desejo de fazê-las prosseguir. Mas um autor pode também ser obscuro. Não tente sempre extrair sentido de um monólogo, como no solilóquio final de Tom, em *À margem da vida*:

Eu não fui para a lua. Eu fui muito além — pois o tempo é a distância mais longa entre dois lugares. Não muito tempo depois, despedido do emprego por escrever um poema na tampa de uma caixa de sapato, eu deixei St. Louis. Desci os degraus da escada de incêndio pela última vez e segui, desde então, os passos de meu pai, tentando recuperar em ação o que fora perdido em espaço.

Tennessee Williams, cuja escrita possui muito de poesia, é vago nas duas primeiras linhas do monólogo. Na sua maneira indireta, Williams está dizendo que Tom não vai ficar em casa e permitir que lhe aconteça o que aconteceu a Laura.

Leia o trecho seguinte de *Electra*, de Sófocles:

Orestes estava dirigindo em último lugar, refreando propositalmente sua parelha e mantendo sua fé na arrancada final; e agora, avistando somente um rival à sua frente, com um exultante grito para os seus velozes cavalos, avançou vigorosamente e as duas parelhas correram pescoço com pescoço, uma ganhando liderança da outra. (...)
Quando o povo viu sua queda da biga, houve um grito de solidariedade pelo pobre rapaz. (...) Viram-no então sendo lançado ao chão, em seguida a biga virando de rodas para cima, e quando finalmente os outros pilotos controlaram seus cavalos desembestados e socorreram o pobre rapaz,

seu corpo estava tão lacerado, tão machucado e ensangüentado que nenhum de seus amigos poderia tê-lo reconhecido.

No monólogo acima, a ação é contar uma história. Como ator, você deve nos levar a ver a arena e sentir a tensão dos cavalos movendo-se com vigor antes de partir. A história deve ser tomada de seqüência para seqüência, não de período para período.

O monólogo descreve nada menos que a morte do Príncipe do Mundo. Como ator, você tem que sentir a importância desse acontecimento dentro de si e transmiti-lo para a platéia.

Esses dois monólogos estão entre os mais interessantes e difíceis na literatura dramática. Você pode começar a lidar com o monólogo num nível muito mais simples, como Tchekhov faz no último ato de *O jardim das cerejeiras*, um monólogo sobre uma estante.

Você sabe quantos anos tem essa estante? Na semana passada eu arranquei a gaveta de baixo, e descobri uns números gravados a fogo. Ela foi feita há exatamente cem anos!... O que você acha disso, eh? Temos que celebrar seu aniversário. Um objeto inanimado, é verdade, mas ainda assim — uma estante de livros.

Você pode começar por proferir monólogos improvisados para diferentes objetos:
- Para uma cadeira
a. "As cadeiras têm estado conosco através dos anos. Elas existem em todas as espécies de tamanhos e formatos etc."
- Para uma parede
a. "As paredes são grossas e fortes etc."
- Para um teto
a. "O teto impede que a chuva entre etc."

O ator dota esses objetos de qualidades pessoais. Ele deve relacionar-se com a cadeira e a parede como faria com um parceiro vivo —

TÉCNICA DA REPRESENTAÇÃO TEATRAL

e dar-lhes a vida que eles corporificam. A partir daí, o ator deve praticar monólogos sobre objetos como uma árvore ou uma flor.

Bons monólogos podem ser encontrados em *Spoon River Anthology*, de Edgar Lee Masters. Esse livro contém uma sucessão quase ilimitada de personagens de uma variedade sem fim, cada um captado num momento de crise moral ou pessoal.

Algumas idéias sobre como fazer um monólogo:

- Evite gestos, que freqüentemente vêm da dificuldade com a linguagem.
- Não use a qualidade rotineira de linguagem se ela é essencialmente poética.
- Evite usar adereços.
- Escolha uma área que seja verdadeira para as circunstâncias.
- Não é bom mover-se muito num monólogo; portanto, use um espaço limitado.
- Encontre o ritmo do monólogo, visto que o dramaturgo sempre cria um ritmo.
- O vestuário pode contribuir para a eficácia de um monólogo, mas também pode depreciá-lo.

Em cada monólogo deve-se procurar um significado mais vasto do que os fatos da situação. Os fatos mantêm o monólogo no chão. A tentação de dar ênfase às palavras sempre é grande, sendo este um mau hábito.

Se o ator é motivado a recorrer às palavras em primeiro lugar, pode perder o assunto, colocando-o num nível comum em vez de num nível mais alto, que é necessário.

EXERCÍCIO 60

Encontre um monólogo em *Spoon River Anthology* e parafraseie-o. Trabalhe com antecedentes.

A TÉCNICA DE ENSAIO

Stanislavski dizia que você pode ensaiar uma peça por seis horas ou seis meses. Um ensaio é muito diferente, em seu resultado, de outro, mas ambos podem ser igualmente válidos. Cedo, em seu treinamento, você precisa entender o processo de ensaio. Se você está fazendo um simples exercício de sala de aula ou ensaiando uma peça inteira, os princípios de ensaio são os mesmos. Não se espera uma entrega completa do ator toda vez que ele se prepara para trabalhar. Certa vez ofereceram um papel a John Barrymore numa peça muito importante. Pediram que lesse seu papel, e ele leu tão hesitantemente como um estudante no primeiro ano de seu curso de teatro:

"Eu... amo... você. Eu... não posso... viver... sem você." Ele não se sentia nem um pouco obrigado a fazer uma leitura perfeita.

Um ator ensaiando uma peça é como um pianista aquecendo-se ao fazer escalas. Uma sonata de Beethoven não pode ser tocada impecavelmente da primeira vez.

Etapa 1: Ingressando no Significado

Seja para o exercício ou para a peça, existem três estágios de ensaio.

A noção do processo de ensaio é que, em primeiro lugar, o ator deve decorar suas falas. Este é um conceito mortal. Na prática isto vem quase por último. A primeira etapa do ensaio é estudar o texto sem memorização, para lentamente ingressar no significado da peça e no que o autor quer dizer sobre o Homem e o mundo.

Quando você começa a trabalhar num texto, tem que estar aberto a impressões. Você está começando pela parte externa. Quando eu entro num jardim botânico, vejo milhares de plantas e bulbos. São todos estranhos para mim, e mesmo a linguagem que é falada não me soa natural. Sei apenas que é um jardim, como sei que a peça é uma peça. Embora as palavras em si não façam sentido, por elas, pelo ritmo das falas, você pode dizer se o clima da peça é carregado, leve ou médio. Pode determinar se é uma comédia ou drama.

Toda peça tem um estilo. Reconheça-o ao começar a estudar o texto e ele se tornará mais claro. É uma peça elisabetana? Expressionista? Realista? As idéias da peça serão expressas através de ações, e cada ação acontece em circunstâncias determinadas e uma atmosfera é criada. A peça se tornará clara à proporção que você estudar o texto. Os personagens surgirão, e você deverá ser capaz de ver a que classe pertencem. A partir das seqüências, você poderá traçar o enredo e o desenvolvimento da idéia.

No começo, o texto está além do limite de sua compreensão — um conjunto de dados estranhos —, mas ao estudá-lo, dividindo-o em ações para poder entender o crescimento da idéia do dramaturgo, você começa a assimilá-lo.

Etapa 2: Compreendendo o Assunto

Tão logo você possa compreender o assunto e as palavras do texto, estará na segunda etapa do ensaio. Especialmente neste estágio você deve guardar-se contra a tentação de decorar, visto que a memorização bloqueia o real entendimento. Conforme o texto se torna mais familiar e o desperta para o estilo, idéias e intenção do dramaturgo, as palavras vão-lhe pertencendo gradualmente.

Recorra ao uso de um dicionário ou uma enciclopédia se tiver dificuldade em compreender algumas palavras.

A peça deve sempre estar nova para você. Não se limite ao ensaio de ontem. Sempre deixe a si mesmo aberto e verdadeiro. Nunca se violente. Relaxe; deixe as circunstâncias da peça sustentarem-no, e a cada vez poderá então representar de uma outra forma, com espontaneidade verdadeira.

Etapa 3: Compreendendo a Peça

Quando você estiver confiante na interpretação de seu papel e certo de que foi útil ao autor, dando vida a seu texto, então terá dado sua contribuição para a peça.

CAPÍTULO XII A contribuição do ator

O teatro tem em si o elemento da surpresa. Há uma platéia aguardando no escuro pelo subir do pano. O ator tem então a chance, através do uso de seu talento e de sua técnica, de manter sua platéia fascinada.

O objetivo da técnica que ora enfatizamos é afastar o ator daquelas técnicas antiquadas ou que foram usadas com abuso em nome de Stanislavski.

O texto do autor é o único ponto concebível do qual o ator pode partir. Ele deve se aproximar do texto sem preconceitos ou opiniões preconcebidas. O estudo do texto deve proceder-se desta forma:

1. O ator deve perder sua dependência das palavras e partir para as ações da peça.
2. Primeiro vêm as ações, depois as palavras. As palavras resultam da ação.

Lendo a peça várias vezes com atenção, o ator poderá explorar seus vários aspectos. No teatro contemporâneo, somos levados a acreditar que é papel apenas do diretor descobrir a peça, passando adiante sua interpretação aos atores durante o ensaio. Mas o ator também pode tornar-se profundamente envolvido com o dramaturgo, descobrindo por que a peça foi escrita e como sua interpretação pode somar ao que foi estabelecido pelo diretor. O ator não pode desempenhar sua função por completo sem aceitar a responsabilidade de um envolvimento pessoal com o autor. Juntos, ator e diretor tornam-se conscientes do estilo da peça.

Para ser "interdependente" do diretor e de outros membros do elenco ao aproximar-se da peça, o ator deve trazer seu talento para a interpretação do papel.

Trabalhando às avessas, a partir do texto, o ator então pergunta: quando e onde a ação ocorre? O tempo presente da peça leva ao passado, como as palavras no papel levam ao subtexto, aos pensamentos não-expressos dos personagens.

O ator, através do profundo entendimento das circunstâncias, cria para si a necessidade indispensável de usar sua imaginação. A natureza de sua imaginação é tentar visualizar tão completamente quanto possível os personagens e as circunstâncias da situação.

Circunstâncias mais amplas da peça envolvem o ator quando este as explora ainda mais longe. Existe o cenário histórico da peça, que deve incluir a época, o país, a cidade e a situação social, tudo isso revelando a dimensão épica da peça.

No teatro moderno, o foco está nos personagens e na situação humana em que se encontram. O autor freqüentemente lida com a divisão entre dois instintos básicos do homem:

1. Sua destrutividade ao lidar unicamente com os desejos com os quais nasceu.
2. Sua luta insatisfeita para atingir alguma coisa na vida que supere seus instintos.

Esse conflito é muito épico e o ator deve estar preparado para lidar com semelhantes temas.

Um dos aspectos vitais do trabalho do ator é encontrar a universalidade e a dimensão épica das idéias do dramaturgo. O empenho da peça é sempre com respeito a algum tema maior, e o perigo em que podemos cair é torná-lo pequeno. A peça moderna questiona a vida, o que fazer sobre ela, como devemos vivê-la. Desse modo, o ator deve se acostumar a aprender a lidar com problemas críticos que afetam a todos — questões de amor, lealdade e amizade, de família e filhos.

O objetivo deste livro é dar ao ator uma técnica e colocá-lo em contato com um ofício que considero ser uma totalidade de coração, mente e espírito — uma arte que libera idéias e, agindo dessa forma, transforma o ator num instrumento de propósito artístico. Um bom ator deve lutar por essas metas.

A CONTRIBUIÇÃO DO ATOR

Ser claro quanto às idéias do autor e eficiente ao comunicá-las é responsabilidade do ator. Ele não deve tratar as idéias casualmente. Precisa desenvolvê-las de modo que sejam universais. As idéias contêm as verdades pelas quais as pessoas têm que viver. Essas verdades são transmitidas pelo ator. Dessa forma, ele se torna um membro importante da sociedade que contribuiu para a civilização futura.

MINHA TRAJETÓRIA ATÉ STANISLAVSKI

Um dia, em 1925, fui até a Biblioteca Pública de Nova York para procurar alguns livros sobre teatro, atuação, conceitos. Sentei-me bem distante das outras pessoas, todas absorvidas em seu trabalho, estudando e lendo. Pude observar como a sala era grande, ainda que estivesse mal iluminada. Enquanto me sentava, percebi um jovem instalando-se à minha frente.

Quando comecei a ler, disse-me inesperadamente: "Posso perguntar sobre o que você tem interesse... ou o que está lendo?" E eu respondi: "Estou interessada em teatro." Um momento se passou, e então ele disse: "Eu também!" Obviamente rimos à socapa, o que nos deixou mais à vontade. Como atores, sentimos imediatamente um vínculo entre nós. Onde quer que os atores se encontrem, sentem essa intimidade.

Conforme falávamos, ele me contou que era ator e eu disse: "Já havia desconfiado, e acho que talvez o conheça." Ele disse: "Bem, eu a conheço!" (Eu havia atuado bastante.) Disse-lhe que estava interessada nas idéias que vinham da Europa. Porque os atores americanos estavam afastados da Europa, não tinham contato com a vida teatral e conceitos europeus e não conheciam o que estava sendo feito lá com o realismo ou pós-realismo. Sabia que isso tudo estava acontecendo, mas era difícil conseguir material.

Expliquei-lhe isso e então ele me disse: "Acho que existe alguém em Nova York que está montando uma peça que lhe interessaria. É uma produção num teatro muito pequeno." Deu-me o nome do teatro e explicou-me onde era.

O teatro era no East Side, num prédio de apartamentos com pequenos degraus por onde se subia. Para a esquerda estava uma sala — apenas uma sala — onde a produção de *The Sea Woman's Cloak* estava se realizando. Era uma sala pequena, muito mal iluminada, com aproximadamente quinze cadeiras ao redor. No canto estava uma mulher toda encolhida, de roupas escuras, olhando através do que parecia ser um binóculo de teatro.

Era deveras interessante. Não havia mais ninguém lá. Mais algumas pessoas chegaram pouco antes do início da peça. Quando a cortina subiu, um milagre aconteceu.

Era uma produção brilhante; brilhante, estimulante, atraente, esteticamente um deleite — era um poema! O que me surpreendia era ver os atores americanos atuando com graça, um conhecimento, um estilo e uma segurança a que eu ainda não havia assistido. Logo descobri que a peça era dirigida por Richard Boleslavski, famoso diretor russo, do Teatro de Arte de Moscou, e que, durante anos, estivera sob a supervisão de Constantin Stanislavski. Soube disso; compreendi isso; soube quase de imediato que era exatamente por aquilo que eu estava procurando. Descobri que Boleslavski e a dama encolhida, madame Maria Ouspenskaya, tinham vindo para a América e iniciado um teatro ou um laboratório. Chamava-se Teatro Laboratório e destinava-se a alunos interessados no estilo russo de atuação.

Dentro de um ou dois dias havia-me unido ao Teatro Laboratório. Embora estivesse atuando em outros teatros todo o tempo, permaneci no Teatro Laboratório por dois anos, onde assistia às preleções de Boleslavski, aulas de ritmo com Mordkin e aulas de voz e algumas de técnica com madame Ouspenskaya. Era um pequeno conservatório e Boleslavski realizava ensaios e produções. Assisti a seus ensaios e tomei parte em algumas das peças.

Minha vida prosseguia. Eu atuava enormemente auxiliada por suas idéias sobre teatro, atuação, o ator no teatro e a importância do ator. Tudo isso vinha com grande honestidade, e me via profundamente influenciada pelo que Boleslavski dava ao seu público.

A CONTRIBUIÇÃO DO ATOR

O tempo passava e eu continuava atuando no teatro. Tinha o hábito de ir para a Europa quando havia tempo, liberdade e dinheiro. Certa ocasião, quando me encontrava em Paris, Harold Clurman lá estava também.

Harold havia iniciado o Group Theatre, do qual eu fazia parte. Para mim, era um salvador; havia feito um teatro ao qual eu queria pertencer. Ele me havia visto atuar e convidara-me para participar, o que eu fiz. Harold era o homem que havia feito o máximo para revelar meu talento e abrir minha mente, quem havia ajudado a educar-me sobre peças. Ele tinha importância em minha vida, em minha vida teatral.

Em Paris, Harold disse-me: "Sabe, Stella, Stanislavski está aqui." Nessa ocasião, eu sabia bastante sobre ele. Havia conhecido pessoas que estavam partilhando de sua técnica. Eu mesma integrava o Group Theatre, onde a técnica estava supostamente sendo utilizada. Porém, como uma atriz que tinha grande experiência em outros lugares, recusava-me a atuar com alguns princípios empregados no Group Theatre. Por causa disso, tornei-me uma estranha. Afastara-me da maneira que ensaiavam e do modo pelo qual as peças eram dirigidas. Tudo isso era do conhecimento de todos. Sabiam que eu era contra o que estava acontecendo no Group Theatre.

Harold também conhecia meus sentimentos sobre o Group Theatre. Achava uma boa idéia eu me encontrar com o Sr. Stanislavski.

Mas eu estava hesitante. A idéia me apavorava, porque, conforme eu disse a Harold: "Se eu fosse encontrá-lo, teria a consciência de que ele era representado no Group Theatre de um modo que eu não queria."

Por fim fui com Harold até a casa do Sr. Stanislavski. Era um apartamento pequeno com um elevador também pequeno. Quando Harold abriu a porta, havia umas poucas pessoas na sala. Era um aposento minúsculo, e no canto, mais afastado, estava Stanislavski. O momento desse encontro foi de tamanho choque para mim que estanquei e não consegui me mover. Harold atravessou a sala e cumpri-

TÉCNICA DA REPRESENTAÇÃO TEATRAL

mentou-o. Com Stanislavski estavam seu médico, um amigo e madame Tchekhova. Madame Tchekhova parou perto da porta onde eu
estava e disse-me: "Você deve ir até lá e apertar a mão do Sr. Stanislavski." Olhei para ela e disse: "Não." Ela falou: "Você deve." Eu disse: "Não, não devo." E não fui. Permaneci de pé, completamente
incapaz de me mexer, para a frente ou para trás. Fiquei paralisada
durante todo o tempo.

Logo depois o Sr. Stanislavski e os outros sugeriram que fôssemos
todos para o Champs-Elysées. Ao chegarmos lá, o Sr. Stanislavski sen-
tou-se num banco encostado a uma árvore, e sentamo-nos em torno
dele. Havia muitos risos e alegria — a intimidade e a espirituosidade
comuns aos atores. Lembro-me claramente de Stanislavski censuran-
do madame Tchekhova e chamando-a de canastrona, e, é claro, de ela
ter rido. Ele fingia provocá-la, e ela fingia ser mais forte do que ele.
Havia humor; um momento perfeito de grupo, e alegria de estar lá.

O Sr. Stanislavski falava com todos e percebia que eu estava reti-
cente. Naturalmente ele notava isto, porque possuía o "olho" e nada
lhe escapava. Finalmente virou-se para mim e disse: "Jovem senhora,
todos falaram comigo, menos você." Esse foi o momento em que eu
olhei para ele, olho no olho, e estivemos juntos. Ouvi-me dizendo:
"Sr. Stanislavski, eu amava o teatro até o senhor ter sucesso, e agora
eu o odeio!" Ele olhou para mim durante um pouco mais de tempo e
então disse-me: "Bem, então você deverá ver-me amanhã."

Este é provavelmente o momento de que eu me lembro melhor.
Dissemos adeus e eu fui vê-lo no dia seguinte.

Achei que era importante levar alguém para o caso de não enten-
dê-lo. O amigo que levei foi de grande ajuda. Reunindo-me com o Sr.
Stanislavski, descobri que podíamos falar bem facilmente em francês.
Ele me fez várias perguntas. Contei-lhe que estava muito infeliz por
causa de uma peça na qual atuara havia pouco tempo, chamada *The
Gentle Woman*, de Don Powell. Contei-lhe que fracassara em certos
momentos da peça, quando não podia nem continuar o personagem
nem compreender como continuá-lo. Ele ficou terrivelmente intriga-
do, e trabalhamos com o conceito e o personagem. Dentro de um ou

A CONTRIBUIÇÃO DO ATOR

dois minutos percebi que ele estava deveras interessado em mim como atriz. Ele queria que eu resolvesse meu problema. E aqui estava o único homem no mundo que me podia ser útil! Desse modo, abri meu coração para ele.

Contei-lhe que era uma atriz experiente. Ele conhecia minha família porque meu pai, Jacob P. Adler, havia produzido *The Living Corpse*, de Leo Tolstoi, antes que ele, Stanislavski, a tivesse representado. Adler foi o primeiro no mundo a representá-la, e isto era do conhecimento de todos. Stanislavski compreendeu que eu era a filha de Jacob P. Adler e Sara Adler, uma família de atores.

Stanislavski e eu estabelecemos a maior intimidade de diretor e atriz, e, muito em breve, éramos simplesmente ator e atriz! Trabalhamos juntos todos os dias durante muitas semanas. Nesse período, houve certas coisas que ele pediu que eu fizesse. Deixou muito claro para mim que um ator deve ter uma enorme imaginação, livre e não inibida pela autoconsciência. Compreendi que ele era um ator inflamado pela imaginação e por isso ensinou-me como era importante usá-la no palco. Então explicou-me em detalhes como era importante usar as circunstâncias. Disse que *onde* você está é o que você é, o como você está, e o que você pode ser. Você está num lugar que o sustentará, que lhe dará força e habilidade de fazer o que quiser.

Pediu-me que usasse as circunstâncias. Disse: "Faça apenas umas poucas coisas e coloque um enredo em torno delas." Eu era espontânea (talvez espontânea demais!). Eu disse: "Sim." Fui até a janela e fiquei arrasada, porque tinha na imaginação alguma coisa com a qual estava emocional e imediatamente envolvida. Então andei novamente até a mesa e escrevi meu nome no final de uma carta. Mais uma vez, estava dramática e profundamente envolvida com o enredo, e sabia que havia somente uma coisa mais a fazer: pegar meu chapéu e o casaco e partir.

Esses exercícios podem ser feitos em qualquer nível. Adotei o nível dramático. Era o mais próximo de mim, pois eu era uma atriz dramática.

O Sr. Stanislavski também contou-me — muito mais como um

ator para uma atriz — que havia sofrido quando representara *Um inimigo do povo*. Contou que fora um completo desastre. Ele não conhecia o papel; não sabia onde tocá-lo. Disse que tinha dificuldades; que Ibsen era difícil para ele. Contou-me que levou dez anos para encontrar o papel. Quando estava reunindo os elementos para uma técnica que tornaria a atuação mais fácil, descobriu a resposta para o problema que tinha essencialmente experimentado como ator através de sua vida, em especial quando trabalhou em *Um inimigo do povo*. Nessa peça específica, Stanislavski contou-me que havia falado com o povo e pedido que ele fizesse alguma coisa. Isto estava errado. Ele disse: "Eu tinha que falar para a *alma* do povo. Se pudesse alcançar sua alma, poderia ser bem-sucedido." Dez anos depois de Stanislavski ter originalmente representado o papel, a peça foi remontada; o papel foi seu novamente e só então foi capaz de representá-lo.

Trabalhávamos intensamente com cenas e improvisações, e eu fui capaz de ficar completamente à vontade, como se estivesse em casa. Sentia-me como se tivesse trabalhado com ele por toda a vida. Ele era gentil e "completamente teatro"; nada além de teatro lhe despertava a atenção. Generosidade e interesse — um mestre com uma aluna.

Ele não me podia ver pelas manhãs, porque, conforme me contou, tinha dificuldade na fala — era inclinado a ciciar. Assim, devia praticar todas as manhãs por duas horas. Eu ri dele, e ele também riu de si mesmo.

Após muitas semanas, contou-me que tinha vindo a Paris para ver sua família, mas que eu não tinha permitido que ele assim o fizesse; será que eu lhe daria algum tempo para estar com ela? Obviamente respondi que sim, agradeci-lhe, disse adeus e parti.

Mas na manhã seguinte telefonei para ele e disse: "Sr. Stanislavski, nós não abrangemos um elemento da técnica", explicando que havia algo que ele não tinha deixado claro. Ele disse: "Venha agora!" (A essa altura, minhas anotações eram volumosas!)

Quando me afastei do apartamento de Stanislavski, percorri as ruas de Paris. Conhecia Paris; conhecia-a como qualquer atriz ardente conheceria, que olha para os telhados, para cada maçaneta de por-

A CONTRIBUIÇÃO DO ATOR

ta, para cada lojinha. Estava enfeitiçada por Paris. Havia trabalhado com o maior professor do mundo, o homem cujas palavras iam inundar o teatro com a verdade. Esse sentido ele tinha, de como era preciso ser verdadeiro; esta era sua herança, isto é o que ele passou adiante. Eu nunca poderia agradecer-lhe o bastante. Lembro-me de que, enquanto descia a rua, ia dizendo: "Sr. Stanislavski, não posso agradecer-lhe pessoalmente, mas, durante toda a minha vida, dedicar-me-ei às outras pessoas, para dar-lhes o que o senhor me deu."

SUGESTÃO DE CENAS E PERSONAGENS PARA ESTUDAR E TRABALHAR

All My Sons (Todos eram meus filhos)
de Arthur Miller
Ann e Chris, Final do Ato I

Cat on a Hot Tin Roof (Gata em teto de zinco quente)
de Tennessee Williams
Maggie e Brick, Ato I, Cena 1

Cat on a Hot Tin Roof (Gata em teto de zinco quente)
de Tennessee Williams
Big Daddy e Brick, Ato II

Children's Hour
de Lillian Hellman
Karen e Martha, Ato III, Cena 1

Come Back, Little Sheba
de William Inge
Turk e Marie

Crucible (As feiticeiras de Salém)
de Arthur Miller
Abigail e Proctor, cena da floresta

Dark at the Top of the Stairs
de William Inge
Rubin e Cora

Death of a Salesman (A morte do caixeiro-viajante)
de Arthur Miller
O último monólogo de Linda (Réquiem)

Death of a Salesman (A morte do caixeiro-viajante)
de Arthur Miller
Biff e Happy, Ato I

Death of Bessie Smith
de Edward Albee
Enfermeira e Ordenança, Cena 4
Enfermeira e Interno, Cena 6

A Doll's House (Casa de bonecas)
de Henrik Ibsen
Torvald e Nora, Ato I, Cena 1; Final do Ato III

Glass Menagerie (À margem da vida)
de Tennessee Williams
Amanda e Laura, Ato I, Cena 2
Laura e Jim, Ato II, Cena 8

Golden Boy
de Clifford Odets
Lorna e Joe, Ato II, Cena 2

A CONTRIBUIÇÃO DO ATOR

A Hatful of Rain
de Michael Gazzo
Polo e Johnny, Ato II
Pai e Johnny, Ato II, Cena 2

Look Back in Anger
de John Osborne
Duas Mulheres

La folle de Chaillot (A louca de Chaillot)
De Jean Giraudoux
Três Mulheres, Ato II

Orpheus Descending
de Tennessee Williams
Val e Carol, Ato I
Lady e Val, Ato II

Our Town (Nossa cidade)
de Thornton Wilder
George e Emily, Ato II

Picnic
de William Inge
Madge e Hal, Final do Ato II
Rosemary e Howard

The Rainmaker
de N. Richard Nash
Lizzie e File, Ato II
Lizzie e Starbuck, Final do Ato II

A Streetcar Named Desire (Um bonde chamado desejo)
de Tennessee Williams

TÉCNICA DA REPRESENTAÇÃO TEATRAL

Blanche e Stanley, Ato I, Cena 2
Ato III, Cena 4
Stella e Stanley, Ato I, Cena 2
Ato III, Cena 1
Blanche e Mitch, Ato II, Cena 2
Ato III, Cena 3

Summer and Smoke (Anjo de pedra)
de Tennessee Williams
Alma e John
Alma e Vendedor

Time of Your Life
de William Saroyan
Joe e Mary, Ato II

27 Wagons Full of Cotton
de Tennessee Williams
Vicarro e Flora, Cena 2

A View from the Bridge (Panorama visto da ponte)
de Arthur Miller
Catherine e Rodolfo
Eddie e Sr. Alfieri, Ato I

Waiting for Lefty
de Clifford Odets
Joe e Edna, Cena 1

Zoo Story (A história do zoológico)
de Edward Albee
Peter e Jerry
"Eu tenho sido para o zoológico..."

BIOGRAFIA DE STELLA ADLER

Nascida na cidade de Nova York, Stella Adler é a filha mais moça de Jacob P. e Sarah Adler, os primeiros atores trágicos do palco iídiche na América. Jacob P. Adler, internacionalmente chamado "o Henry Irving judeu", apresentou um repertório clássico de qualidade extraordinária em sua Companhia de Artes Iídiche, e, de acordo com muitos historiadores de teatro, o teatro iídiche americano floresceu na virada do século graças às contribuições da família Adler.

Já foi dito que "nenhuma cortina de Nova York subia sem um Adler por detrás dela"; em 1939, na época do qüinquagésimo aniversário da estréia de Sarah Adler no palco judeu americano, havia nada menos que dezessete membros da família atuantes no teatro. Todos os membros mais próximos da família de Stella — incluindo seu irmão Luther — tornaram-se atores. Nas palavras de Stella: "Na minha família, quando você mal começava a andar, imediatamente era posto no palco."

Stella Adler fez sua estréia, em 1906, com a idade de quatro anos, em uma produção de seu pai, *Broken Hearts*, no Teatro Grand Street, em Nova York. Outra lembrança sua foi representar o papel de um pajem em *O mercador de Veneza*. No ano seguinte, Stella ganhou o papel de um dos jovens príncipes em *Ricardo III*. Pelos dez anos seguintes atuou, com seus pais, nos Estados Unidos e no exterior, numa variedade de papéis em peças de Ibsen, Tolstoi, Hauptmann, Shakespeare e outros clássicos.

No inverno de 1919, Stella fez sua estréia em Londres, no Pavilion, como Naomi, em *Elisa Ben Avia*. No seu retorno a Nova York, aceitou papéis de destaque em várias produções comerciais. Atuando como Lola Adler, fez a primeira aparição na Broadway como a Borboleta (Apatura Clythia) em *O mundo em que vivemos* ("*A comédia dos insetos*"), o ruidoso sucesso de Karel Capek na temporada teatral de 1922-23.

Stella Adler cursou a Universidade de Nova York e mais tarde estudou no Teatro Laboratório Americano. Lá, entrou em contato com a nova abordagem de Stanislavski para atuação através do ensino de dois de seus mais importantes discípulos, Maria Ouspenskaya e Richard Boleslavski. Era considerada de longe a mais segura técnica criativa para atores, e Stella colocava essa técnica em bom uso num número de produções importantes do Laboratório. Ela apareceu pela primeira vez como Baronesa Crème de la Crème em *Straw Hat*, agora já conhecida como Stella Adler, e desde então passou a usar seu nome real. Seus outros dois papéis mais notáveis com o Laboratório foram como Elly em *The Big Lake* e como Beatrice em *Muito barulho por nada*.

De 1927 a 1931 Stella Adler estrelou em mais de cem peças. Passou duas temporadas no Teatro Irving Place com Jacob Ben Ami, um renomado ator iídiche. Viajou também para a América Latina, Europa Ocidental e de um extremo ao outro dos Estados Unidos com uma companhia de repertório. De volta a Nova York, em 1930, Stella retornou à companhia de seu pai para uma série de papéis principais em *The God of Vengeance*, *The Lower Depths*, *Liliom*, *The Witch of Castille* e *Jew Süss*.

A primavera de 1931 marca a época em que Stella Adler uniu-se ao batalhador Group Theatre, fundado por um membro do antigo Theatre Guild, Harold Clurman (mais tarde marido de Stella). John Gassner escreveu em Theatre of Our Times que considerava o Group "uma lembrança do melhor conjunto de atores que a Broadway já conheceu".

Os membros do Group Theatre eram socialmente utopistas conscientes que procuravam proporcionar uma alternativa para o teatro

BIOGRAFIA DE STELLA ADLER

comercial da época da Depressão. "Após analisar, dissecar e reformar o teatro", lembra Stella, "duas idéias surgiram... a primeira convidava o ator a se tornar consciente de si mesmo (supunha-se que a personalidade total do ator individual devia ser levada em conta)... e a segunda falava do ator em relação ao seu ofício... Quando essas duas idéias se uniram, o ator percebeu que esse teatro exigia a compreensão básica de um princípio artístico complexo: que todas as pessoas ligadas a esse teatro, o ator, o desenhista, o autor, o diretor etc., tinham, por necessidade, que chegar a um único ponto de vista que o tema da peça também expressasse."

Esta crença, que inspirou o fecundo coletivo, revelou-se de modo bem claro na primeira produção do Group, *The House of Connelly*, de Paul Green, na qual Stella representava Geraldine Connelly. Brooks Atkinson, do *New York Times*, refletiu os sentimentos de quase todos os críticos: "O desempenho do grupo é imaginado belamente e harmonioso demais para eu me concentrar em destaques pessoais. Não há nenhum feito exagerado, frágil ou superficial em sua atuação. (...) Não é exagerado esperar que algo superior e verdadeiro se tenha iniciado no teatro americano."

Atkinson revelou-se profético: "O Group Theatre nunca saiu do modelo que no início estabeleceu para si, chegando mesmo a produzir um dos dramaturgos pioneiros da América, Clifford Odets."

Para a continuação do Group, e de acordo com sua política de não-estrelato, Stella aceitou um papel pequeno em *1931*, relato de Paul e Claire Sifton sobre o desemprego na época da Depressão. O término da primeira temporada de Nova York foi com *Night Over Taos*, de Maxwell Anderson, com Stella como Dona Josepha.

Success Story abriu a segunda temporada do Group, e o desempenho de Stella como Sarah Glassman, uma secretária que rompia o seu noivado, atraiu a atenção da comunidade teatral. Companheiro do Group, Robert Lewis recorda em seu *Slings and Arrows* que muitos atores renomados (Noel Coward e Ruth Chatterton, entre outros) iam bater lá cada noite, para estudar Stella na cena final da peça.

Stella continuou interpretando papéis principais em *The Big*

Night como Myra, em *Hilda Cassidy* como Hilda e em *Gentlewoman* como Gwyn Ballantine.

Após *Gentlewoman*, insatisfeita com seu desempenho e perturbada pelo uso excessivo de exercícios de "memória afetiva" do diretor Lee Strasberg, Stella tirou uma licença do Group e foi para a Europa. Lá foi apresentada por Olga Knipper (estrela do Teatro de Arte de Moscou e viúva de Anton Tchekhov) a Constantin Stanislavski em pessoa. Em resposta à queixa de Stella de que certos aspectos do sistema de Stanislavski a frustraram, ele sugeriu que talvez ela não os usasse corretamente, e se ofereceu para instruí-la pessoalmente.

Nas cinco semanas seguintes, Stella e Stanislavski trabalharam diariamente numa cena em que ela sentira dificuldade, em *Gentlewoman*. Como resultado disso, ela foi, na sua volta, capaz de corrigir a interpretação que o Group Theatre fazia de Stanislavski, com um relato formal completo para seus companheiros atores, com quadros resumindo o sistema e a repreensão indelicada de que a ênfase indevida na "memória afetiva" deformava o ator.

Naquele mesmo verão Stella começou a dar aulas. Entre seus primeiros alunos estava Margaret Baker, que precisava ser treinada para a produção de *The Case of Clyde Griffiths* pelo Group. Foster Hirsch mais tarde citou o louvor da Srta. Baker a essa experiência: "Em meia hora trabalhando com Stella Adler naquela peça fiquei sabendo mais sobre o texto do que durante todos os ensaios."

Stella voltou a atuar em produções do Group, em 1934, quando retratou a resplandecente atriz Adah Menken em *Golden Eagle Guy*. Sua interpretação como Bessie Berger em *Awake and Sing* (1935), de Odets, novamente animou os críticos. Robert Lewis recorda que Stella "estabelecia um modelo para papéis de mãe judia que não tem sido igualado desde então, omitindo a comum autopiedade e fermentando a natureza dominadora da mulher com uma graça sublime".

Após a sua última aparição no palco com o Group, como Clara, em *Paradise Lost* (1935), Stella rumou para Hollywood. Estreou em *Love on Toast* como Stella "Ardler" — "os produtores decidiram que um nome não-judeu talvez surtisse efeito na marquise", observou ela.

BIOGRAFIA DE STELLA ADLER

Ainda retornou ao Group Theatre, principalmente para dirigir. Foi Stella quem encenou a aclamada turnê de *Golden Boy*, em 1938.

Stella sentiu fortemente sua vocação para ensinar por volta de 1940. Desenvolveu então a Oficina Dramática na Nova Escola para Pesquisa Social, onde ensinou por dois anos.

Em 1941, o ano da dissolução do Group Theatre, a Sra. Adler apareceu em seu segundo filme, *A sombra dos acusados* (voltaria a aparecer num terceiro, *Anos de inocência*, em 1948). Mais tarde passou algum tempo por trás da cena, como produtora associada a Arthur Freed da MGM, nos filmes *Du Barry era um pedaço, Madame Curie* e também *Idílio em dó-ré-mi*, entre outros de Judy Garland. Stella insistiu para que o estúdio orientasse a educação de Judy Garland e não desperdiçasse seu talento em papéis desinteressantes.

Entretanto, a Broadway chamou Stella de volta ao palco em maio de 1943, quando interpretou Catherine Canrick na formidável produção de *Sons and Soldiers*, de Max Reinhardt. Mais tarde, naquele mesmo ano, ela encenou *Manhattan Nocturne*.

Continuou a dirigir representações bem-sucedidas de *Polonaise*, uma peça fantasiosa montada sobre a música de Chopin em 1945, *Sunday Breakfast* em 1952 e o musical antiguerra *Johnny Johnson* em 1956. A Broadway foi privada da produção de *Alice no país das maravilhas*, que seria algo sensacional, quando os possíveis produtores exigiram que Stella desse o papel protagonista a uma estrela de cartaz. A integridade de Stella Adler excluiu esta opção e ela recusou a proposta. Todavia, a peça correu com grande sucesso fora da Broadway por muito tempo.

Stella Adler sempre foi uma intérprete vívida e intensa, e a platéia era recompensada quando a grande dama do teatro americano tinha desempenhos extraordinários como Clothilde Hilyard, em *Pretty Little Parlor*, de Claiborn Foster, em 1944, e como Zinadia, a domadora de leão, numa remontagem do Theatre Guild de *He Who Gets Slapped*, de Leonid Andreyev. A última aparição de Stella Adler no palco foi em Londres, em 1961, como Madame Rosepetal em *Oh Dad, Poor Dad, Mama's Hung You in the Closet and I'm Feelin' So*

Sad, de Arthur Kopit. Em sua carreira de atriz, apareceu em mais de duzentas produções.

Além de suas apresentações, o maior presente de Stella Adler para a história teatral americana foi sem dúvida os milhares de atores instruídos desde o tempo em que as portas de seu Estúdio de Atuação Stella Adler se abriram em 1949. "Em nosso tempo, não há modelos para o ator. Todas as regras formais para o ator mudaram: seu comportamento, seu vestuário, seu discurso etc. O professor sabe que cada ator é diferente, e um talento pode estar latente. O ator de nosso tempo tem que ser ajudado", disse Stella Adler.

Ela criou um programa básico de dois anos, dando atenção especial à análise da peça e à caracterização. Por volta de 1960, o estúdio de Stella Adler, agora sob o novo nome de Conservatório de Atuação Stella Adler, havia crescido para receber mais de uma dúzia de membros no corpo docente. Ela continuou pessoalmente a dar aulas superiores de atuação e interpretação de texto. Serviu também como professora adjunta da atuação na Escola de Teatro da Universidade de Yale em 1966-67, e colaborou junto à Universidade de Nova York por muitos anos. O Conservatório de Atuação Stella Adler foi aberto em Los Angeles em 1986. Pela sua experiência e contribuição à comunidade artística, foi honrada pela Nova Escola de Pesquisa Social com o título de Doutora das Letras Humanas e com um título de Doutora em Belas-Artes, do Smith College.

Stella Adler morreu em 1992 aos 91 anos. Durante toda a sua vida, manteve presente o que Constantin Stanislavski lhe ensinou: "A fonte da atuação é a imaginação e a chave para seus problemas é a verdade das circunstâncias da peça." Ela estimula seus alunos a tornar compreensíveis as idéias do dramaturgo. Convida-os — como faz consigo mesma — a igualar a atuação à própria vida: "Criar e interpretar significam total envolvimento, a totalidade de coração, mente e espírito."

COMPILADO POR IRENE GILBERT

O texto deste livro foi composto em Sabon,
desenho tipográfico de Jan Tschichold de 1964
baseado nos estudos de Claude Garamond e
Jacques Sabon no século XVI, em corpo 10/13,5.
Para títulos e destaques, foi utilizada a tipografia
Frutiger, desenhada por Adrian Frutiger em 1975.

A impressão se deu sobre papel off-white
pelo Sistema Digital Instante Duplex da Divisão
Gráfica da Distribuidora Record.